Jürgen Barmeyer

Kosmos – Leben – Bewusstsein
Die Faszination des Werdens

Philosophische Plädoyers

Band 8

LIT

Jürgen Barmeyer

Kosmos – Leben – Bewusstsein
Die Faszination des Werdens

Eine kleine Chronik der Evolution des Lebens
und ihre geistesgeschichtliche Betrachtung

Gedruckt auf alterungsbeständigem Werkdruckpapier entsprechend
ANSI Z3948 DIN ISO 9706

Bibliografische Information der Deutschen Nationalbibliothek
Die Deutsche Nationalbibliothek verzeichnet diese Publikation in der
Deutschen Nationalbibliografie; detaillierte bibliografische Daten sind
im Internet über http://dnb.d-nb.de abrufbar.

ISBN 978-3-8258-1063-4

© LIT VERLAG Dr. W. Hopf Berlin 2008
Verlagskontakt:
Fresnostr. 2 D-48159 Münster
Tel. +49 (0) 2 51/620 32 - 22 Fax +49 (0) 2 51/922 60 99
e-Mail: lit@lit-verlag.de http://www.lit-verlag.de

Auslieferung:
Deutschland/Schweiz: LIT Verlag Fresnostr. 2, D-48159 Münster
Tel. +49 (0) 2 51/620 32 - 22, Fax +49 (0) 2 51/922 60 99, e-Mail: vertrieb@lit-verlag.de
Österreich: Medienlogistik Pichler-ÖBZ GmbH & Co KG
IZ-NÖ, Süd, Straße 1, Objekt 34, A-2355 Wiener Neudorf
Tel. +43 (0) 2236/63 535-290, +43 (0) 2236/63 535 - 243, mlo@medien-logistik.at

Für meine Frau Annelie

Vorwort

Das vorliegende Büchlein wurde in erster Linie für interessierte Laien geschrieben. Es versucht, die heutigen Vorstellungen von der Evolution des Lebens, insbesondere des Menschen und seiner Entwicklung zum Homo sapiens in einfacher Form darzustellen. Dabei nimmt der auch heute noch nicht abgeschlossene Diskurs von Naturwissenschaft, Philosophie und Theologie über die Ursache des Lebens und die Entstehung des Bewusstseins einen breiten Raum ein.

Besonders bedanke ich mich bei Frau Christa Matysiak und Herrn Dr. med. Christian Barmeyer für die große Mühe und Geduld bei der Abfassung und Korrektur des Manuskriptes.

Jürgen Barmeyer, 2008.

INHALTSVERZEICHNIS

1. KOSMOS UND LEBEN — 10

Die naturwissenschaftliche Betrachtung — 10
- Das Universum — 10
- Entstehung des Sonnensystems — 16
- Entwicklung der Atmosphäre — 21
- Chemische Evolution — 22
- Selbstorganisation der Materie — 26

Die philosophische und theologische Betrachtung — 35
- Allgemeines — 35
- Naturphilosophie und Theologie zur Entstehung des Lebens — 41

2. DIE ENTWICKLUNG DES ICH — 54

Einleitung — 54

Erscheinungsformen des Ich — 55
- Zusammenfassung — 56

Evolution des Menschen — 57
- Evolution des Ich – erste Zeichen — 60
- Evolution des Ich bei Homo sapiens — 62
  - Allgemeines — 62
  - Der Mensch als Naturwesen — 63
  - Der Mensch in der Gruppe — 64
  - Der Mensch als Einzelwesen — 65
  - Archaische Stufe — 67
  - Magische Stufe — 67
  - Mythische Stufe — 67
  - Mentale Stufe — 68
- Die ersten drei Jahre — 68
  - Allgemeines — 68
  - Die normale Entwicklung — 70

- • Störungen der Ich-Entwicklung 71
  - Störungen des Bindungstriebes 72
  - Störungen des Selbstbehauptungstriebes 73
- • Zusammenfassung 74

Das Ich und die Steuerung unseres Verhaltens 75
- Psychoanalyse – Sigmund Freud 75
- Zusammenfassung 78
- Behaviorismus 79
- Zusammenfassung 81
- Vergleichende Verhaltensforschung - Konrad Lorenz 82
- Zusammenfassung 85
- Soziobiologie – Verhaltensökologie 85
- Zusammenfassung 86
- Soziologismus 87
- Zusammenfassung 87
- Zusammenfassende Betrachtung 88

Neurobiologie und Verhaltenssteuerung 88
- Gefühle 89
  - • Aggression 90
  - • Verliebtsein 91
- Handeln 92
- Zusammenfassung 94
  - Schlussbetrachtung 95

3. FREIHEIT ODER DETERMINISMUS 96
DAS GEIST/GEHIRN-PROBLEM

Einleitung 96

Der philosophiegeschichtliche Hintergrund 97

Struktur des Gehirns 102
- Allgemeiner Aufbau 102
  - • Endhirn (Telencephalon) 103
  - • Zwischenhirn (Diencephalon) 104
  - • Mittelhirn (Mesencephalon) 104

- Brücke (Pons) 104
- Verlängertes Mark (Medulla oblongata) 104
- Kleinhirn (Cerebellum) 104
- Aufbau der Großhirnrinde 105

Moderne Theorien der Geist/Gehirn-Beziehung **111**
- Eigenschaft, Ereignis, Zustand, Entität 112
- Geist 112
- Bewusstsein 112
- Physikalismus 113
- Determination 114
- Dualismus 116
  - Interaktionärer Dualismus 116
  - Epiphänomenalismus 121
  - Eigenschaftsdualismus 123
- Monismus 123
  - Semantischer Physikalismus 124
  - Identitätstheorie 125
  - Eleminativer Materialismus 125
- Schlussfolgerung 127

Willensfreiheit oder Determinismus **127**
- Freiheit, Willensfreiheit, Handlungsfreiheit 128
- Determinismus – Indeterminismus 128
- Die neurobiologische Position 129
  - Das Bereitschaftspotential 134
  - Die Libet'schen Versuche 134
  - Homo neurologicus? 137
- Schlussbetrachtung 139

Literaturverzeichnis **141**

Personenverzeichnis **151**

Sachregister **154**

Danksagung **158**

Kosmos und Leben

Die naturwissenschaftliche Betrachtung

Das Universum
Am Anfang vor 13 Milliarden Jahren gab es diese ungeheure, nicht vorstellbare Explosion, die wir Urknall (Big Bang) nennen. Sie ereignete sich überall im gesamten Raum, und alle dabei aus Energie entstandenen Materieteilchen flogen auseinander. Die Geschichte des Universums hatte begonnen. Steven Weinberg hat die ersten drei Minuten beschrieben:
Die Materie bestand bei einer Temperatur von 100 Milliarden Grad in der ersten hundertstel Sekunde fast ausschließlich aus vier Teilchentypen, negativ geladenen Elektronen und positiv geladenen Positronen – beide besaßen die gleiche Masse und waren etwa in gleicher Anzahl vorhanden - sowie Neutrinos und Photonen (Teilchen ohne jegliche Masse und Ladung). Das beginnende Universum war durch die Photonen lichtdurchflutet und völlig undurchsichtig.Alle diese Teilchen wurden aus Energie beständig neu erschaffen und wieder vernichtet. Es stellte sich ein Fließgleichgewicht zwischen Erschaffung und Vernichtung ein. In dieser allerersten Phase der ersten Sekunde besaß das Universum eine enorme Dichte, und bei der jetzt herrschenden Temperatur von immer noch vier Milliarden Grad müsste es einem Beobachter wie ein brodelndes Inferno erschienen sein.

Neben den vier Elementarteilchen entstanden mit allmählich abnehmender Temperatur nun die uns bekannten Kernteilchen, das positiv geladene Proton und das elektrisch neutrale Neutron. Das Zahlenverhältnis von Kernteilchen zu Elementarteilchen betrug etwa 1:1 Milliarde. Dieses Verhältnis ließ sich aus der 1965 entdeckten Hintergrundstrahlung, dem Echo des Urknalls, berechnen.
Mit dem Auseinanderrasen der Teilchen sank die Temperatur weiter ab und erreichte nach etwa 14 Sekunden ca. drei Milliarden Grad. Nun war eine Abkühlung erreicht, bei der die Vernichtung von Elektronen und Positronen größer war als ihre Neuerschaffung aus Neutrinos und Lichtenergie. Im gegenwärtigen Universum sind Positronen aus die-

sem Grund weitgehend verschwunden. Sie finden sich z.B. nur noch in einer bestimmten radioaktiven Strahlung und in Supernova-Explosionen. Im frühen Universum kamen sie jedoch ubiquitär vor.

Wenden wir uns nun den Kernteilchen (Proton, Neutron) zu. Sie sind bekanntermaßen die Bausteine für den Atomkern und entstanden als schwerere Teilchen etwa bei einer Abkühlung auf vier Milliarden Grad aus sogenannten Quarks, geisterhaften Teilchen, deren Existenz bisher nur indirekt nachgewiesen werden konnte. Zwei sogenannte „up"-Quarks und ein „down"-Quark bildeten ein Proton, zwei „down"-Quarks und ein „up"-Quark wurden zu einem Neutron. Die ersten Bausteine für den Atomkern waren geboren.
Mittlerweile war die Abkühlung weiter fortgeschritten. Nach drei Minuten wurde eine Milliarde Grad erreicht, eine Temperatur, bei der die Kernkraft, die erste der vier physikalischen Grundkräfte (Kernkraft, elektromagnetische Kraft, Gravitationskraft, sogenannte schwache Kraft) zu wirken begann und Atomkerne bildete. Als erstes entstand der Wasserstoffkern aus einem Proton und einem Neutron zugleich mit dem stabilsten Kern, dem Heliumkern, der sich aus zwei Protonen und zwei Neutronen bildete.
Nach drei Minuten setzte sich das Universum zusammen aus Licht (Photonen), Neutrinos, einer kleinen Menge der Vernichtung entgangener Elektronen und etwas Kernmaterial, das zu 75 % aus Wasserstoff- und zu 25 % aus Heliumkernen bestand. Dieses Material flog weiter auseinander und kühlte sich kontinuierlich ab. Als die Temperatur auf ca. 3000 Grad abgefallen war, begann die zweite Grundkraft, die elektromagnetische Kraft zu wirken und zwang einen Teil der übrig gebliebenen, der Vernichtung entronnenen Elektronen in eine Umlaufbahn um die schon vorhandenen Atomkerne. Es entstanden die ersten Elemente Wasserstoff und Helium.

Für etwa 100 Millionen Jahre passierte nun nicht viel. Allerdings verteilte sich die Materie durch die Entstehung der gegenüber Neutrinos und Photonen schwereren Atome jetzt nicht mehr gleichmäßig im Raum. Die gesamte auseinanderstiebende Materie wurde inhomogen und begann Klumpen zu bilden. Nun trat die dritte Grundkraft, die

Gravitationskraft auf den Plan. Sie führte zu einer zunehmenden Verdichtung von großen Wolken leichter Elemente, vorwiegend von Wasserstoffatomen, die die ersten gasförmigen Protosterne bildeten. Das Innere dieser Sterne wurde unter dem Einfluss der Gravitation durch weitere Verdichtung zunehmend heißer, so dass die durch Ionisation der Wasserstoffatome frei werdenden Protonen immer heftiger aufeinanderprallten, bis sie bei einer Temperatur von 10 Millionen Grad im Inneren der Sterne miteinander zu Heliumkernen verschmolzen. Dabei wurde Wärme frei, die als Strahlung abgegeben wurde. Die Sterne begannen zu leuchten. Bei noch höheren Temperaturen kommt es im sog. Kohlenstoffzyklus unter der katalytischen Wirkung des C-Atoms zu einer beschleunigten und ergiebigeren Fusion von Protonen zu Helium. Dieser Prozess läuft vor allem in massereichen Sternen ab. Die Kernreaktion der Protonenverschmelzung zu Heliumkernen, die bei etwa 10 Millionen Grad abläuft, ist wegen der dabei entstehenden zu geringen Energiemenge nicht in der Lage, weitere Elemente zu erzeugen. Dazu bedarf es weit höherer Temperaturen. Massereiche Sterne sind dazu infolge ihrer höheren Gravitationskraft jedoch fähig. Bei etwa 100 Millionen Grad verschmelzen Heliumkerne zu Sauerstoff, Kohlenstoff und dem Edelgas Neon. Bei einer Milliarde Grad entstehen die Kerne von Magnesium, Silizium, Schwefel und Kalzium. Noch höhere Temperaturen erzeugen schwere Elemente wie Eisen, Nickel und andere Metalle. Beim Kochen dieser Elemente wird zunehmend weniger Energie gebildet, so dass der Entstehung natürlicher, noch schwererer Elemente irgendwo eine unüberschreitbare Grenze gesetzt ist (Tab. 1)
Die Bildung der für das Leben wichtigen Elemente vollzieht sich in massereichen Sternen somit in folgenden Schritten (Rauchfuß):

H - He - C, O - Ne - Mg, Si - Fe, Ni.

Als weitere Quelle für die Synthese von schweren Elementen wie Metallen werden die Supernova-Explosionen vermutet, in denen unvorstellbare, für das Brennen schwerer Elemente ausreichende Temperaturen erreicht werden. In denen bilden sie Kondensationszentren, um die sich mit weiterer Verdichtung die leichteren Elemente schalenförmig herum anlagern.

Zeit nach dem Urknall	Temperatur	Teilchen (Element.-T.) (Kern-T.)	Grundkraft	Ereignis
Sek.$^{-2}$	10^{11} °C	• Positronen • Elektronen • Neutrinos • Photonen	?	Materie fliegt auseinander; Erschaffung und Vernichtung der Teilchen gleich
Sek.$^{-1}$	3×10^{10} °C	• Protonen • Neutronen	?	Erschaffung der Kernteilchen
1 Sek.	10^{10} °C			Universum intransparent
14 Sek.	3×10^9 °C			Erschaffung < Vernichtung von Elementarteilchen
3 Min.	10^9 °C	Die ersten Atomkerne: • Wasserstoffkern • Heliumkern	Kernkraft	Im Universum: Photonen, Neutrinos, Elektronen, etwas Kernmaterial (75% Wasserstoff, 25% Helium)
10^5 Jahre	3×10^3 °C	Die ersten Elemente: • Wasserstoff • Helium	Elektromagnetische Kraft	Universum transparent Die ersten Materieklumpen
10^8 Jahre	?		Gravitationskraft	Bildung der Protosterne durch Verdichtung
ab 10^8 Jahre		Bildung von Helium und schweren Elementen durch Kernfusion		Bildung der Sterne durch weitere Verdichtung

Tab. 1   Das frühe Universum

Die hier beschriebene Urknall-Hypothese stellt für die meisten Kosmologen das schlüssigste Modell der Entstehung des Universums dar. Es stammt von Abbé Lemâitre und wurde von Gamow weiterentwickelt. Vor allem drei Beobachtungen sprechen für die Korrektheit dieser Theorie:

1. Hubble beobachtete eine zunehmende Rotverschiebung der Spektrallinien von Galaxien, je weiter sie entfernt waren. Aus dieser Beobachtung leitete sich das Hubble'sche Gesetz ab, nach dem sich die Fluchtgeschwindigkeit einer Galaxie proportional zu ihrer Entfernung verhält. Das heißt, die zunehmende Rotverschiebung entfernter Galaxien zeigen deren zunehmende zentrifugale Fluchtgeschwindigkeit an. Alle Galaxien entfernen sich mit großer Geschwindigkeit voneinander (Abb. 1).

2. Robert H. Dicke, ein Astronom an der Princeton-University berechnete, dass unter der Voraussetzung der Richtigkeit der Urknallhypothese als Echo der Explosion eine Hintergrundstrahlung von ca. drei Grad Kelvin über dem absoluten Nullpunkt (-273,15 °C) übrig geblieben sein müsste. Trotz vieler Experimente gelang es ihm jedoch nicht, den Beweis für seine Annahme zu erbringen.

3. Nach komplizierten Berechnungen musste der bei der Abkühlung des Kosmos entstandene Anteil des Heliums an der Gesamtmaterie 23–24% betragen. Neuerdings gemessene Werte stimmen mit dem prognostizierten Anteil überraschend gut überein.

Der Beweis für die Annahme Dickes gelang 1965 per Zufall zwei Mitarbeitern der Bell-Telephone-Company, A. Penzias und R. Wilson. Sie entdeckten ein permanentes, störendes Rauschen, das von überall herzukommen schien und somit „isotop" war, eine zweite Forderung von Dicke. Die beiden Techniker hatten das überall im Universum übrig gebliebene Echo des Urknalls entdeckt. Allerdings wurde von

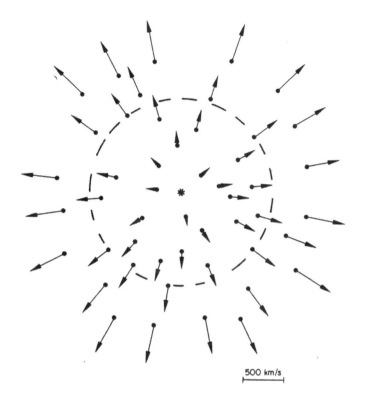

Abb. 1 Mit Hilfe von Punkten und Pfeilen werden in dieser Abb. eine Anzahl auseinanderstiebender Galaxien dargestellt. Die Länge der Pfeile zeigt die Geschwindigkeit der sich entfernenden Galaxien in Relation zu einer fiktiven Galaxie an. Die Geschwindigkeitsskala ist unterhalb dargestellt. Der Kreis entspricht einem Radius von 20 Mill. Lichtjahren (nach Eccles 1979).

einzelnen Forschern darauf hingewiesen, dass die Rotverschiebung keineswegs zwangsläufig als absoluter Beweis für die Fluchtbewegung der Galaxien anzusehen ist. Vor allem H.C. Arp stellte die Interpretation der Rotverschiebung als Zeichen der permanenten Ausweitung des Universums infrage. Die ersten Zweifel kamen 1966 auf. Es wurden nämlich mehrere gleich weit von uns entfernte Objekte entdeckt, die jedoch sehr unterschiedliche Rotverschiebungen aufwiesen. Nach der Standardtheorie war diese Diskrepanz zwischen gleicher Entfernung und unterschiedlicher Rotverschiebung nicht zu erklären. Einige Kosmologen halten daher das Urknallmodell für nicht mehr haltbar. Sie favorisieren ein Universum, das wenig expandiert und in dem es zu einer fortgesetzten Erschaffung von Materie kommt. Die Rotverschiebung wird nach dieser Vorstellung daher als Funktion des Alters und nicht als Funktion der zunehmenden Fluchtgeschwindigkeit von Galaxien gesehen.

Weitere Theorien wie die Vorstellung einer sog. Quintessenz („fünfte Substanz"), nach der ein bisher nicht nachgewiesenes antigravitativ wirkendes Quantenkraftfeld die Expansion der Galaxien beschleunigt (Ostriker u. Steinhardt) sowie ein sog. ekpyrotisches Universum, das durch Kollision zweier vorherbestehenden Universen entstanden ist (Prössel), sind der Vollständigkeit halber zu erwähnen. Viele Anhänger haben diese kosmologischen Vorstellungen jedoch bisher nicht gewinnen können.

Die Indizien für die Richtigkeit der Urknall-Hypothese sind von solchem Gewicht, dass die meisten Kosmologen weiterhin die „Big Bang"-Hypothese favorisieren.

Entstehung des Sonnensystems
Kuiper (1951), Schmidt (1955) und Urey (1956) gehen von einer rotierenden scheibenförmigen Materiewolke aus, in deren Zentrum sich vor ca. fünf Milliarden Jahren die Protosonne durch Materieverdichtung bildete. Die äußeren Zonen dieser Wolke brachen schließlich infolge ihrer Inhomogenität und unter dem Einfluss der Gravitation auseinander und bildeten neue Aggregationszentren. Diese begannen um ihre eigene Achse in einem Winkel von ca. 23 bis 28 Grad zu ih-

rem Orbit zu rotieren. Eine Ausnahme machten Venus und Jupiter mit gänzlich anderen Winkeln.

Aus einem dieser rotierenden Gas- und Staubzentren entwickelte sich auf kalte Weise durch Zusammenpappen der Materie unsere Erde. Die Protoerde hatte ursprünglich die 500fache Masse. Sie bestand in diesem Stadium überwiegend aus Wasserstoff, Stickstoff, Helium, Neon, Methan und Ammoniak. Die Gravitation bewirkte eine stetig zunehmende Verdichtung der Materie, die mit einer kontinuierlichen inneren Erhitzung einherging. Gleichzeitig erhitzten sich auch unter dem Einfluss der jetzt strahlenden Sonne die äußeren Schichten der Erde, so dass 99 % der Gase in den Weltraum entwichen. Die Erde schrumpfte auf ihre gegenwärtige Größe zusammen.

Dank seismologischer Messungen unter Hinzuziehung geothermischer, elektromagnetischer und gravimetrischer Erkenntnisse konnte bis heute eine ziemlich gesicherte Vorstellung vom schalenförmigen, stofflichen Aufbau der Erde gewonnen werden. Abb. 2 und Tab. 2 geben einen Überblick über die verschiedenen Schichten, ihre stoffliche Zusammensetzung und ihren Aggregatzustand wieder.

In gleicher Weise wie die Erde sind auch die anderen Planeten unseres Sonnensystems auf kaltem Wege durch Kondensation von Materiemassen aus der rotierenden Staub- und Gasscheibe entstanden. Ihre sehr unterschiedlichen Entfernungen zur Sonne bewirkten jedoch, dass ihre primordiale Entwicklung völlig anders verlaufen ist. Denn die Erde entwickelte allmählich eine Atmosphäre, die die Entstehung von Leben ermöglichte.

Merkur als kleinster und innerster Planet (58 Mill. km) weist enorme Temperaturdifferenzen zwischen + 400 °C und – 120 °C auf. Seine geringe Masse (1½ x die Mondmasse) hindert ihn jedoch daran, eine temperaturdämpfende Atmosphäre aufzubauen.

Venus, der uns nächstgelegene Planet (100 Mill. km) besitzt eine extrem dichte Atmosphäre von 100 Bar, die verhindert, dass die dort herrschenden Temperaturen von + 400 bis 500 °C in den Weltraum abgeleitet werden können.

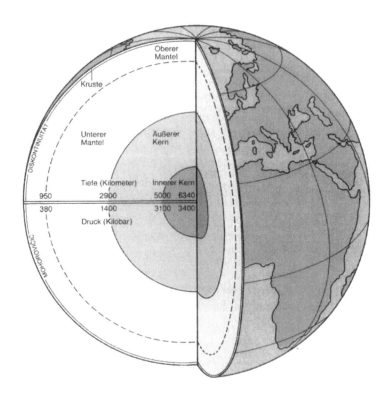

Abb. 2 Der Kugelschalenaufbau der Erde. (Aus Physik des Erdkörpers, Denkschrift der DFG, 1967)

Kugel-schicht	Tiefen-bereich in km	Verlauf seismischer Geschwindigkeiten	stofflicher Aufbau
Kruste	0–60	kompliziert, örtlich variabel	Sedimente, saure Magmatite, Metamorphite, Basite

================= MOHOROVIČIĆ-DISKONTINUITÄT =================

oberer Erdmantel	60–130	Zone erniedrigter Geschwindigkeit	basische und ultra-basische Silikate, teilweise geschmolzen
	130–400	positive Geschwindigkeitsgradienten	überwiegend Olivin

= = = = = ÜBERGANGSZONE OLIVIN-SPINELL = = = = = = = = = = =

mittlerer Erdmantel	400–670	übernormaler Geschwindigkeitsanstieg	dichtere Spinellstruktur

= = = = = ÜBERGANGSZONE SPINELL-PEROVSKIT = = = = = = = = = =

unterer Erdmantel	670–2700	normale Geschwindigkeitsgradienten	Hochdruckoxide
	2700–2900	Gutenberg D"-Schicht Maximalwert der Geschwindigkeit	Metalloxide – Sulfide

================= WIECHERT-GUTENBERG-DISKONTINUITÄT =================

äußerer Erdkern	2900–5120	nach abrupter Abnahme langsamer Geschwindigkeitsanstieg, keine S-Wellen	metallisch-liquider Zustand

= = = = = LEHMANN-ÜBERGANGSZONE = = = = = = = = = = = = = =

innerer Erdkern	5120–6370	Geschwindigkeit nahezu konstant, S-Wellen treten wieder auf	metallisch-fester Eisen (Nickel)-Kern

Tab. 2 Schalenmodell des Erdaufbaus nach K.E. Bullen

Mars (228 Mill. km von der Sonne entfernt) besitzt bei Temperaturen zwischen + 25 °C und – 70°C eine dünne Atmosphäre aus Kohlendioxid und Stickstoff. Die neueren Untersuchungen der Marssonden lassen auch die Existenz von flüssigem Wasser wahrscheinlich erscheinen.

Jupiter, der größte Planet unseres Systems in 770 Mill. km Entfernung, der überwiegend aus Wasserstoff und Helium besteht, wird von einer dichten, undurchdringlichen Atmosphäre umgeben, unter der sich eine eisige Oberfläche von – 120 °C aus gefrorenem Methan und Ammoniak befindet. Vier Monde umkreisen den Planeten. Vor allem der Mond „Europa" wird zur Frage extraterrestrischen Lebens intensiv beforscht.

Von den restlichen Planeten Saturn, Uranus, Neptun und Pluto besitzt wahrscheinlich nur Saturn eine dünne Atmosphäre aus Wasserstoff und Helium. Bei einer Sonnenentfernung zwischen 1,4 und 5,9 Milliarden km erreicht kein wärmender Strahl mehr die Oberfläche dieser Planeten.

Auf keinem der Planeten, außer auf dem Mars, finden sich Bedingungen, die die Entwicklung von Leben ermöglichen. Damit Leben sich entwickeln kann, müssen folgende Voraussetzungen gegeben sein:
1. ausreichende, nicht zu starke Wärme durch die Sonne,
2. ein Temperaturmilieu, das Wasser als Medium in flüssiger Form zulässt,
3. kompliziert gebaute, große Moleküle,
4. Aufbau einer kompliziert gebauten Struktur aus den Molekülen,
5. ein Temperaturoptimum, da sich die kompliziert gebauten Moleküle bei dessen Fehlen sogleich in ihre Atome auflösen würden,
6. Stoffwechsel,
7. die Fähigkeit zu ständig wechselnden körperlichen Zuständen,
8. eine Atmosphäre.

Die Existenz einer schützenden Atmosphäre wiederum stellt die Grundbedingung dafür dar, dass sich die unter 1 bis 7 dargestellten Voraussetzungen für die Entstehung von Leben überhaupt bilden können. Die Erde ist infolge ihres idealen Abstandes von der Sonne bisher der einzige Planet unseres Systems, der zur Entwicklung einer schützenden Atmosphäre in der Lage war. Wie kam es dazu?

Die Entwicklung der Atmosphäre
Die primordiale Erde besaß keine Atmosphäre. Fast alle gasförmigen und leichten Elemente hatten sich bei der zunehmenden inneren und äußeren Erhitzung in den Weltraum verflüchtigt. Unser Planet war etwa auf 1/500 seiner ursprünglichen Masse geschrumpft. Im Inneren hatte die Temperatur infolge der gravitationellen Verdichtung kontinuierlich zugenommen. Damit stieg auch der interne Druck zunehmend an und entlud sich an „weichen Stellen" der heißen und unregelmäßig dicken Erdkruste als Vulkanismus nach außen. Die Vulkane sind die Schöpfer der Erdatmosphäre. In dieser ersten Zeit muss man sich die Erde als eine kochende, brodelnde Kugel mit einer äußerst dünnen Kruste vorstellen, auf der sich durch den ungeheuren inneren Druck in dieser Periode unvorstellbare Vulkanausbrüche abgespielt haben. Erst mit allmählicher Abkühlung und Dickenzunahme der Erdkruste ging die Gewalt der Eruptionen zurück. Heute noch sind ca. 500 Vulkane aktiv. Sie schleudern jedes Jahr ca. drei km^3 Gestein und eine unbekannte Menge von Gas in die Atmosphäre.-
Kehren wir zurück zu den Urvulkanen. Sie schleuderten neben dem Gestein riesige Mengen von Wasserstoff (97%), Stickstoff, Kohlendioxid, Methan, Ammoniak, Wasserdampf und Schwefeldioxid heraus. Andauernde Regengüsse prasselten auf die heiße Erdkruste und verpufften sofort wieder in die sich bildende primordiale Atmosphäre, deren Dichte in dieser Phase möglicherweise 100 Bar und mehr betragen hat. Der permanente Regen jedoch kühlte die Erdkruste jetzt schneller ab, so dass die brodelnde Atmosphäre, in der anfänglich Temperaturen über 100°C herrschten, pausenlos Blitze zuckten und kein Sonnenstrahl dieses Inferno durchdrang, sich allmählich mit fortschreitender Abkühlung beruhigte. Nun verdampfte der Wasserdampf nicht mehr sofort. Das Wasser sammelte sich in tiefer gelegenen Senken. Die Urozeane waren entstanden.

Die Uratmosphäre bestand jetzt aus Kohlendioxid, Methan, Wasserstoff, Ammoniak und Wasserdampf. Noch fehlte der Sauerstoff völlig – „ein Glücksfall" auf dem Weg zum Leben. Nur infolge der Abwesenheit von O_2 konnten sich so die für das Leben essentiellen Makromoleküle entwickeln. Anwesenheit von Sauerstoff hätte die komplexen Moleküle durch Oxidation zerfallen lassen. Durch diesen „Glücksfall" konnten sie sich, wie wir später sehen werden, unter dem Einfluss von Energie aus anorganischen in organische Moleküle umwandeln. Die chemische Evolution hatte begonnen.

Chemische Evolution
Mit weiter fortschreitender Abkühlung wurde die Atmosphäre klar, es bildeten sich Wolken, und Regen und Wind beförderten die Erosion der Erdrinde. Noch war die Atmosphäre frei von Sauerstoff, dem stärksten UV-Filter. Das energiereiche UV-Licht konnte somit ungehindert die Erde erreichen. Es drang in die obersten Schichten der Urmeere ein und regte die dortigen schon vorhandenen organischen Mikromoleküle an, sich zu größeren Molekülen zusammenzuschließen. Dabei spielte das Kohlenstoffatom mit seinen vier Bindungen eine übergeordnete Rolle. Es wurde infolge seiner besonders günstigen chemischen Bindungseigenschaften zum Grundatom aller lebenden Substanz.
Wie entstanden nun aus anorganischen Mikromolekülen wie H_2O, CO_2, CH_4 (Methan), H_2 und NH_3 (Ammoniak) organische Verbindungen wie Aminosäuren, andere organische Säuren wie Ameisen- oder Essigsäure sowie Fettsäuren, Porphyrine und Nukleide, die Grundbausteine der Nukleinsäuren? Heute werden sie vom Leben selbst erzeugt. Damals vor vier Milliarden Jahren gab es noch kein Leben. Organische Substanzen entstanden allein aufgrund der immer schneller ablaufenden chemischen Evolution. Dennoch waren die dabei ablaufenden chemischen Prozesse der Forschung bis in die 50iger Jahre des 20. Jahrhunderts absolut rätselhaft. Es kam hinzu, dass Ergebnisse früherer experimenteller Untersuchungen nicht richtig gedeutet und gar nicht erst zur Kenntnis genommen wurden – ein häufiges Phänomen

in der verschlungenen Geschichte der Wissenschaften. So hatte z.B. Loeb schon 1913 aus Wasser, Ammoniak und Kohlendioxid, die er schwach elektrischen Entladungen aussetzte, die Aminosäure Glyzin synthetisiert. Bekannt wurden diese Befunde jedoch nicht.
Großes Aufsehen auch bei Nicht-Wissenschaftlern erregten dagegen die Versuche des Chemiestudenten Stanley Miller im Jahre 1953. Er setzte ein Gemisch von Ammoniak, Methan, Wasserstoff und Wasserdampf, den Grundbestandteilen der Uratmosphäre, bei hoher Temperatur und einwöchiger Reaktionsdauer elektrischen Entladungen aus. Die chemische Ausbeute war verblüffend: aus der energetischen Zerschlagung der anorganischen Moleküle hatten sich die essentiellen Aminosäuren Glyzin, Alanin, Asparagin sowie andere organische Säuren wie Ameisen-, Essig- und Milchsäure gebildet. Nun war klar, dass die Zufuhr von Energie ein Gemisch aus anorganischen Molekülen in organische Moleküle umwandeln konnte. Millers bahnbrechender Versuch regte in der Folge zahlreiche Untersuchungen mit den verschiedensten Energiequellen und unterschiedlichen Gemischen anorganischer Verbindungen an. Stets erhielt man ähnliche Ergebnisse. Gleichgültig, welche Energiequelle man anwandte, es bildeten sich unter den varianten Bedingungen stets organische Verbindungen.
Wir können nach den Ergebnissen dieser vielfältigen Untersuchungen heute davon ausgehen, dass alle lebenswichtigen Mikromoleküle, wie die 20 essentiellen Aminosäuren, die Nukleinsäurebasen Purin und Pyrimidin, selbst Nukleinsäuren, Zucker, Fettsäuren und Porphyrine aus anorganischen Verbindungen unter Zufuhr von Energie synthetisiert werden können. Der Übergang von anorganischen Substanzen zu den organischen Grundbausteinen des Lebens war damit gefunden.

Neben der terrestrischen Entstehung von biotischen Verbindungen wurde immer wieder auch die Möglichkeit einer extraterrestrischen Besiedlung der Erde mit organischen Verbindungen diskutiert. Nahrung erhielt diese Vermutung durch zwei Befunde: Bei Raumflügen konnten organische Kohlenstoffverbindungen wie z.B. Formaldehyd (H_2CO) und komplexe andere Verbindungen im All nachgewiesen werden. Ein Teil dieser Moleküle könnte durch Kometen und Meteori-

ten, vor allem durch C-Chondriten, in die Uratmosphäre eingetreten und so zur Erde gelangt sein.
1969 ging bei Murchison (Australien) ein Meteorit nieder, dessen Inneres sorgfältig auf organische Mikromoleküle untersucht wurde. Man ging davon aus, dass das Innere noch nicht terrestrisch kontaminiert war. Überraschenderweise analysierte man Aminosäuren wie Glutamin, Prolin, Glyzin, Alanin, Valin sowie einige Fettsäuren. Die weiteren gaschromatographischen Untersuchungen zur Verteilung der Substanzen machten es sehr wahrscheinlich, dass die Mikromoleküle extraterristrischer Herkunft waren. Eine zweifelsfreie Sicherung dieser Befunde allerdings gelang bisher nicht. Mehrere Kometen-Missionen der NASA und ESA (Rosetta, Stardust, Contour, Space Technology 4/Champollion) sollen dieser Frage nachgehen.

Es war nun klar, dass sich in dieser Periode der Erdgeschichte in der beschriebenen Weise stets neue organische Mikromoleküle bilden konnten. So wie sie gebildet wurden, zerfielen die aus ihnen polymerisierten Makromoleküle unter dem Einfluss der hochenergetischen UV-Strahlen jedoch sogleich wieder, so dass das Leben hier schon in einer Sackgasse hätte enden können. Zwei weitere „glückliche Umstände" verhinderten das:
Es wurden nämlich nicht alle Makromoleküle zerstört, da UV-Licht nur etwa 10 m tief in die Wasseroberfläche eindringen kann. Darunter blieben die Moleküle erhalten und reicherten sich u.a. auch durch die Windbewegungen des Wassers in tieferen Meeresschichten allmählich an.
Anfänglich war das UV-Licht so stark, dass es auf den Wasserflächen Wassermoleküle in H_2 und $½ O_2$ zerlegte. Der leichte Wasserstoff entwich ins All, der schwerere Sauerstoff wurde in der Atmosphäre festgehalten. Dieser Prozess der sogenannten Photodissoziation des Wassers wurde nun durch den zunehmend sich in der Atmosphäre anreichernden Sauerstoff zunächst verlangsamt und schließlich bei einer bestimmten O_2-Konzentration gestoppt. Es stellte sich dadurch ein kybernetisch gesteuerter Gleichgewichtszustand zwischen der O_2-Konzentration in der Atmosphäre und der UV-Licht-gesteuerten Spaltung des Wassermoleküls ein. Zwar stellt die O_2-Produktion durch

Photodissoziation keine ergiebige O_2-Quelle dar (0,1% der Atmosphäre), O_2 entfaltet als UV-Filter jedoch seinen stärksten Schutz im Wellenbereich des UV-Lichtes zwischen 2600 bis 2800 A°. Das ist exakt der Bereich, auf den Proteine und Nukleinsäuren am empfindlichsten reagieren. Der Sauerstoff schützt somit gerade in diesem sensiblen Bereich die weitere Polymerisation von kleineren zu größeren Molekülen. Dieser erste O_2-produzierende Prozess im Laufe der Evolution der Atmosphäre ist als Urey-Effekt bekannt geworden. Wieder war eine Sackgasse auf dem Weg zum Leben vermieden worden.

Bis zu diesem Zeitpunkt waren etwa eine Milliarde Jahre vergangen. Die klare Atmosphäre bestand jetzt aus Ammoniak, Methan, Wasserstoff, Kohlendioxid, Wasser und etwas Sauerstoff (ca. 0,1%).In der mittlerweile abgekühlten Erdkruste fanden sich vorwiegend Silikate, Carbonate, Schwefel- und Stickstoffverbindungen, die sich zusammen mit den Verbindungen der Atmosphäre aus all den Atomen zusammensetzten, die in den wichtigsten biotischen Molekülen wie Proteinen, Nukleinsäuren, Fettsäuren, Zuckern und Porphyrinen vorkommen. Zum zentralen Atom für alle biotischen Verbindungen wurde wegen seiner besonders günstigen vierfachen Bindungsmöglichkeit der Kohlenstoff. Das Kohlenstoffatom bot aufgrund seiner chemischen Eigenschaften die erforderliche Grundbedingung, die die Polymerisation von kleinen zu immer größeren und komplexeren Molekülen erst möglich machte.

Wir erinnern uns, dass in den oberen Schichten der Urozeane unter dem Einfluss des eindringenden UV-Lichtes die kleineren Moleküle angeregt wurden, sich zu größeren Molekülen zusammenzuschließen. Unterhalb von 10 m Tiefe kam es durch die Bewegungen des Wassers zu einer gewissen Anreicherung von Makromolekülen, die jedoch nicht die notwendige Menge an Molekülen für die Entwicklung von Leben lieferte, da Makromoleküle in wässrigen Lösungen hydrolytisch aufgespalten werden. Es musste somit weitere Quellen für die Anreicherung und Produktion von Makromolekülen geben.
Eine Hypothese besagt, dass es als Folge geologischer Prozesse (u.a. Vulkanismus) oder klimatischer Veränderungen zu einer Konzentrie-

rung dieser Substanzen durch Austrocknung von Lagunen, Tümpeln und Sümpfen gekommen ist. Hierdurch haben sich Makromoleküle durch feste Bindung an Quarze und Ton erhalten können. So gelang es z.b. experimentell, Mikromoleküle von Zuckern oder Aminosäuren durch Auftragen auf schwach glühende Lava zur Polymerisation zu Makromolekülen unter Wasserabspaltung anzuregen. Die Urozeane stellen somit nicht die einzigen Brutstätten von organischen Makromolekülen dar. Wahrscheinlich entstanden Makromolekülen unter den damaligen Bedingungen fast überall auf der Erde.

In jüngerer Zeit wurde ein weiterer Weg entdeckt, wie sich möglicherweise aus anorganischen organische Substanzen gebildet haben könnten – durch Synthese aus sog. Olivinkristallen, grünen Mineralien, die Zwischenglieder einer Mischkristallreihe darstellen, aus denen sich als Endglieder z.b. Fosterid und Chrysolit, ein Edelstein bilden (Erben). Derartige Umwandlungen in Kohlenwasserstoffe und Aminosäuren hätten ohne Energiezufuhr stattfinden und große Mengen von organischen Substanzen produzieren können. Welcher der beiden letzteren Wege, oder ob vielleicht beide Wege von der chemischen Evolution beschritten wurden, ist allerdings heute noch rätselhaft.

Mit der Entwicklung von organischen Makromolekülen durch Polykondensation war ein entscheidender Schritt für die Entstehung von Leben gemacht. Eine Milliarde Jahre waren bisher vergangen. Es sollte nochmals fast eine Milliarde Jahre dauern, bis die ersten Zellen auf der Erde erschienen. Der Motor für diese Entwicklung war die Fähigkeit von Makromolekülen, sich zu immer komplexeren Strukturen zusammenzuschließen, sich selbst zu organisieren und schließlich sich zu reproduzieren.

Selbstorganisation der Materie
Der Übergang vom Leblosen zum Leben erfolgte ausgesprochen langsam. Weitere 800 Millionen Jahre vergingen, bis die ersten Zellen auf der Erde erschienen.

Die ältesten Mikrofossilien fanden sich in Westaustralien (Cyanobakterien) und in Onverwacht (Swaziland) in 10 000 m Tiefe. Es handelte sich bei letzteren wahrscheinlich um algenähnliche Zellen, die im Gestein mit einem Alter von 3,2 Milliarden Jahren zutage traten. Nach den gaschromatographischen Untersuchungen konnten spätere Kontaminationen mit hoher Wahrscheinlichkeit ausgeschlossen werden.
Bei Baberton in Südafrika wurden die versteinerten Reste von bakterienähnlichen Strukturen in etwa 3,1 Milliarden Jahren alten Sedimenten gefunden, an deren zellulärer Struktur jetzt kein Zweifel mehr bestand. Dieses sogenannte Eobacterium isolatum stellt somit das erste gesicherte Mikrofossil einer Zelle dar.
Vor ca. 2,8 Milliarden Jahren tauchten die vermutlich ersten photosynthetisierenden Algen auf. Mit ihnen begann möglicherweise allmählich der Aufbau der gegenwärtigen O_2-haltigen Atmosphäre. Diese Fossilien fanden sich in Simbabwe, Michigan und Minnesota. Gaschromatographische Untersuchungen sprachen für das Vorhandensein von Vitamin-A-ähnlichen Verbindungen (Carotinoide).
Mit zunehmendem Fortschreiten des Präcambiums (5 Milliarden bis 0,6 Milliarden Jahre) häuften sich die Funde einzelliger Fossilien. So wurden aus der Witwatersrand-Formation in Südafrika Einzeller mit schon recht komplizierten Strukturen isoliert (2,7 Milliarden Jahre). Eindeutig photosynthetisierende Algen traten bei der Untersuchung der Gunflint-Formation in USA zutage, und in der Belt-Serie in Montana mit einem Alter von 1,1 Milliarden Jahren wurden Blaualgen entdeckt, die Chlorophyll synthetisierten. Obgleich manche Einzeller schon Sauerstoff produzierten, muss man davon ausgehen, dass diese präcambische O_2-Quelle noch unergiebig war. Die gegenwärtige Sauerstoffatmosphäre baute sich erst im Cambium im Verlauf der sich jetzt immer mehr beschleunigenden Entwicklung der pflanzlichen Biosphäre auf. Doch wie kam es zum Aufbau der ersten Zelle aus organischen Makromolekülen? Diese Frage, in welcher Form der Übergang vom Leblosen zum Lebendigen ablief, ist auch heute trotz aller wissenschaftlicher Anstrengungen keineswegs geklärt. Sicher ist, dass der Übergang präbiotischer Systeme komplexer Makromoleküle zu Protozellen mit den Eigenschaften des Lebens über sehr lange Zeiträume abgelaufen ist. Denn das erste sichere Zellfossil Eobacterium

isolatum hat ein Alter von 3,1 Milliarden Jahren. Seit der Bildung der Protoerde bis zum Erscheinen der ersten Protozellen waren mittlerweile etwa zwei Milliarden Jahre vergangen.
Voraussetzung zur Entstehung von Zellen muss die Fähigkeit von Makromolekülen zur Bildung von Membranen gewesen sein, die diese ersten Mikrostrukturen von ihrer Umgebung abgrenzten und in ihrem Inneren biotische Moleküle z.b. infolge semipermeabler Membranen konzentrieren konnten. Möglicherweise haben sich in derartigen Strukturen auch schon Nukleinsäuren aus Nukleiden, den Vorstufen der DNS, die die Reproduktion der Zellen ermöglichten, gebildet.

Man hat versucht, solche hypothetischen Protostrukturen zu simulieren, allerdings nur mit bescheidenem Erfolg. In den vierziger Jahren des vorigen Jahrhunderts gelang es Herrera, einem mexikanischen Chemiker, durch Umsetzungen von Thiocyanat und Formalin sphärische Gebilde zu erschaffen, die mit ihrer Umgebung in Wechselwirkung treten konnten. Diese „Sulphoben" waren in der Lage, Vakuolen aus dem Inneren zu entfernen und Farbstoff zu adsorbieren.

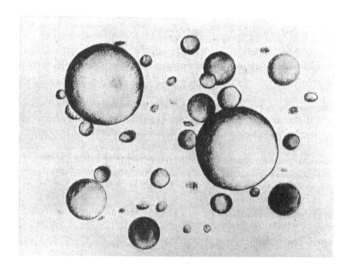

Abb. 3 Coazervattropfen in einem System von Gummiarabicum und Gelatine. Nach Oparin, 1968.

Aus unterschiedlichen Makromolekülen lassen sich durch verschiedene chemische Verfahren zellähnliche „Tropfen", sogenannte Coazervate bilden (Oparin). Derartige Systeme sind in der Lage, Enzyme aufzunehmen, die wiederum im Inneren dieser Strukturen aus der Umgebung aufgenommene Substrate umsetzen und wieder herausbefördern können (Dose und Rauchfuß). Im Inneren konnten sogar Polynukleotide enzymatisch synthetisiert werden. Solche Coazervate repräsentieren somit durchaus ein hypothetisches Modell für die Bildung von Protozellen (Abb. 3).

Bestimmte Proteinoide (eiweißähnliche Makromoleküle) bilden bei Abkühlung kleine Kügelchen. Sie besitzen osmotisches Verhalten und können infolgedessen an- und abschwellen (Abb. 4)

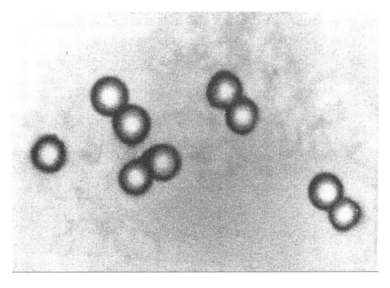

Abb. 4 Proteinoid-Mikrosphären (nach Dose und Rauchfuß)

In elektronenoptischen Untersuchungen wurden die Protomembranen der Mikrosphären untersucht. Sie lassen Doppelschichten erkennen, wie sie auch bei lebenden Systemen vorkommen.

Die funktionellen Eigenschaften, die erst Leben erzeugen, allerdings erwiesen sich bei Sulphoben und Coazervaten doch als recht dürftig. So bedeutet die Fähigkeit solcher Systeme, Vakuolen zu bilden und auszuscheiden noch nicht, dass es sich bei ihnen um die ersten Lebensformen handelte. Auch die Fähigkeit, andere Stoffe zu adsorbieren, findet sich bei nicht biotischen Strukturen und bedeutet noch keine Eigenschaft des Lebendigen.

Etwas günstiger sieht es bei den Proteinoid-Mikrosphären aus. Sie sind in der Lage, sich zu Gebilden mit einer eigenen Hülle gegen die Umwelt abzugrenzen, wobei diese Hülle eine selektive Durchlässigkeit entwickelt. Erstmals konnte bei diesen Sphären bei Verdünnungsversuchen Teilungen beobachtet werden; sogar Aussprossungen und Knospungen ließen sich nachweisen, die sich abtrennen und in bestimmten Lösungen wieder zu normalen Mikrosphären heranwachsen konnten (Abb. 5).

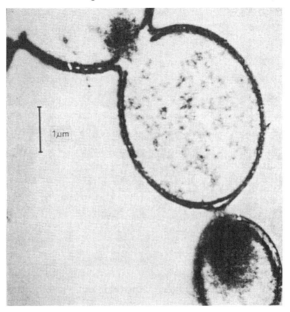

Abb. 5 Elektronenmikroskopische Aufnahme eines mit Osmiumtetroxid gefärbten Schnittes durch eine Proteinoid-Mikrosphäre nach Erhöhung des pH-Wertes. Quelle: Fox und Dose, 1972.

Versuche mit Nukleinsäuren (Vorstufen der DNS) und Proteinoid-Makromolekülen führten zu widersprüchlichen Ergebnissen. Sie lassen zurzeit noch keine Information zur Evolution des genetischen Codes zu.
Die Fähigkeit, Vesikel mit semipermeablen Membranen zu bilden, weisen vor allem lipidhaltige Verbindungen auf. Solche sog. Liposomen sind in der Lage, biotische Makromoleküle wie Proteine oder RNA in ihrem Inneren festzuhalten. Bringt man Liposomen und Makromoleküle unter Trocknung zusammen, bilden die Liposomen lamelläre Membranstrukturen und schließen einen Teil der Makromoleküle ein (Deamer 1998). Deamer vermutet, dass die Bildung von Protozellen über diesen Lipid-Weg abgelaufen ist. Wie die Verknüpfung der lipidhaltigen Vesikel mit der RNA-Synthese zustande kam, ist zur Zeit weiterhin rätselhaft.

Alle diese Beobachtungen zeigen die ungeheuren Potenzen, die in präbiotischen Makromolekülen verborgen sind. Wie aus diesen Eigenschaften Leben wurde, ist jedoch weiterhin unklar.
Dennoch haben wir eine grobe Vorstellung der Übergangsphase zum Lebendigen. An der Membranbildung mit selektiver Durchlässigkeit gibt es während des selbstorganisatorischen Prozesses der Makromoleküle keinen Zweifel. Erstmals gab es ein „Innen" und „Außen". Der transmembranöse selektive Fluss von kleineren Molekülen war die Folge. Zufällig in die Membran integrierte Pigmente wie z.B. Carotinoide fingen das Licht ein und lieferten über Elektronenfreisetzung die Energie für den ersten chemischen internen Stoffwechselprozess, die Milchsäuregärung, die noch ohne Verbrauch von Sauerstoff ablief. Aus in diese Primärstruktur eingeschlossenen Nukleinsäuren konnten sich unter Energieverbrauch RNS-Ketten bilden, die sich in einem weiteren Schritt zur DNS-Helix zusammenlegten. Der genetische Code war entstanden, der die für die Reproduktion notwendigen Informationen erwarb und über die Messenger-RNS weitergeben konnte.

Damit überhaupt Leben entstehen und erhalten bleiben kann, müssen zwangsläufig zwei unterschiedliche chemische Reaktionsgeschwindigkeiten vorgegeben sein: eine mittlere, die den Erhalt der Strukturbausteine sowie Wachsen und Reifen gewährleistet sowie eine extrem beschleunigte, die bei Stoffwechselprozessen innerhalb von tausendstel Sekunden ablaufen muss. Für die Aufdeckung des letzteren Prozesses hat M. Eigen 1967 den Nobelpreis erhalten. Derartig beschleunigte Reaktionen werden durch Enzyme katalysiert, die sich in bestimmte Molekülgruppen mit ihrem sogenannten aktiven Zentrum für winzige Bruchteile von Sekunden andocken, den Zustand der Elektronenschale verändern und wieder abspringen. Es reichen für diesen Prozess, der nicht zu einer Veränderung des Enzyms führt, wenige Moleküle aus. Im Laufe der Zeit entwickelten die Enzyme, geknäulte Aminosäurenkomplexe, durch die Lage ihres aktiven Zentrums eine hohe Spezifität für ganz bestimmte Stoffwechselschritte wie Anlagerung oder Abspaltung. Mittlerweile sind Tausende von Enzymen bekannt. Allein bei der Milchsäuregärung katalysieren elf Enzyme die Umwandlung von Glukose zur Milchsäure. Wann und wie sich diese komplizierte Substrat-Enzym-Bildung ausgebildet hat, ist weiterhin rätselhaft.

In einem weiteren entscheidenden Schritt der Selbstorganisation kam es unter Einbeziehung auch der Enzyme zu einer stereochemisch bedingten Verbindung von Nukleinsäuren und Proteinen. Damit eröffnete sich erstmals die Möglichkeit, Information weiterzugeben. Das heute am meisten favorisierte Modell, die Vorstellung von Hyperzyklen, geht auf Manfred Eigen zurück. Eine ringförmig geschlossene Kette wiederum setzt sich aus kleinen Reaktionszyklen ($R_1 - R_n$) zusammen. Jeder kleine Reaktionszyklus besteht aus einer reproduzierenden Nukleinsäure, die sich selbst reproduziert und zusätzlich ein Enzym ($K_1 - K_n$) bildet, das wiederum auf den nächsten kleinen Reaktionszyklus einwirkt (Abb. 6).

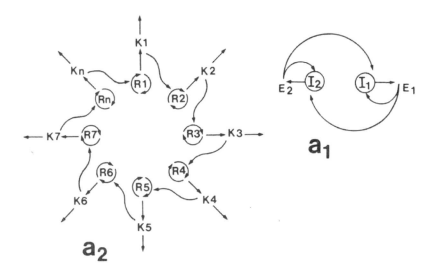

Abb. 6 Hyperzyklus (n. M. Eigen). a_1 = einfachste Form. a_2 = komplexe Form.

Die Protozellen der Anfangsperiode des Lebens besaßen noch keine Kerne. Jedoch hatten einige schon die Photosynthese und die Atmung erfunden. Bei der Photosynthese nimmt die Zelle durch Pigmente wie Carotinoide oder Chlorophyll am Tage Licht auf und stellt unter dem Einfluss dieser Energie nachts aus CO_2 und H_2O Zuckermoleküle und Sauerstoff her. Letzteren gibt die Zelle an die Atmosphäre ab. Bei der Atmung wird der Zucker mit Hilfe von Sauerstoff über die sogenannte Atmungskette zu CO_2 und H_2O verbrannt. Dabei wird Energie in Form der sogenannten energiereichen Phosphate, z.B. ATP aufgebaut und gespeichert.

Als erste Prokaryonten (kernlose Zellen) entstanden zwei Typen von Zellen: Algen und Bakterien. Aus den Algen, deren Stoffwechsel über die Photosynthese gespeist wurde, entwickelte sich das Pflanzenreich. Ihr Geschenk an alle späteren Pflanzen waren die Chloroplasten, die

Organe für die Aufnahme des Lichtes. Aus den Bakterien entwickelte sich das Tierreich. Bakterien gaben an die Tiere ihre Mitochondrien weiter, in denen die Atmung abläuft. Auch hatten manche Bakterien Cilien entwickelt, mit denen sie sich fortbewegen konnten. Ein großes Rätsel bleibt weiterhin die Entwicklung des Zellkerns mit seinem komplexen genetischen Apparat.

Wir sind nun nach dem Überspringen einer großen Anzahl von Kenntnislücken bei den ersten lebenden Zellen angekommen, aus denen sich die gesamte Biosphäre mit ihrer unvorstellbaren Vielfalt bildete.
Es ist sinnvoll, an diesem kosmischen Wendepunkt zunächst einzuhalten und die phantastische Entwicklung des Kosmos bis zu diesem Zeitpunkt gebührend zu bewundern, bevor wir uns dem naturphilosophischen Aspekt dieses Geschehens zuwenden.-

Die philosophische und theologische Betrachtung

Allgemeines
Panta rhei – alles fließt. Dieses Heraklit zugeschriebene Wort beschreibt prägnant wie kein anderes das ständige Werden im Universum, das in einem vorläufig letzten Akt höchster Ordnung auf unserer Erde zur Entstehung von Leben geführt hat. Motor dieses seit ca. 13,7 Milliarden Jahren ablaufenden Prozesses von neuem Entstehen, aber auch Vergehen, ist die von der Astrophysik so bezeichnete „gravitative Fragmentation" des Kosmos. Man versteht darunter die durch die Gravitation verursachte starke Ungleichmäßigkeit von dichter und dünner, dunkler und heller Materie, von hohen und niedrigen Temperaturen sowie von Hell und Dunkel. Durch diese Ungleichgewichte der unterschiedlichen physikalischen Zustände wird die Durchschnittstemperatur im Universum zurzeit bei 3,7 Grad Kelvin über dem absoluten Nullpunkt der Kelvin-Skala von – 273,15 °C gehalten. Beim ubiquitären Erreichen des absoluten Nullpunktes würden keinerlei physiko-chemische Reaktionen mehr ablaufen können. Ob diese absolute Grenzmarke im Universum irgendwann einmal erreicht wird, die dann das Ende allen Werdens besiegelt, ist ungewiss. Die neuesten Ergebnisse des seit 1990 im Orbit kreisenden Hubble-Teleskops sprechen allerdings für eine zunehmend sich beschleunigende Ausdehnung des Weltalls. Es wird damit kälter und leerer werden und auf die totale Erstarrung, auf das Ende aller Tage zusteuern.

Im Folgenden werden wir uns mit den vielfältigen, auch heute noch kontroversen Erklärungsversuchen des Phänomens des Lebendigen beschäftigen. Es handelt sich um einen Diskurs, der sich mittlerweile über Jahrhunderte hinzieht und die Naturwissenschaften gleichermaßen wie Philosophie und Theologie beschäftigt.
Zunächst wollen wir uns zwei grundsätzlichen Fragen zuwenden:
- Welche Eigenschaften machen ein natürliches Objekt zu einem lebenden Objekt?
- Verletzt die Entstehung von Leben mit seiner bisher am höchsten entwickelten Ordnungsstufe nicht den zweiten Hauptsatz der Thermodynamik?

Objekte lassen sich grundsätzlich in natürliche und künstliche (Artefakte) unterscheiden. Natur handelt nach den Vorstellungen der Wissenschaft absolut objektiv, niemals projektiv. Das bedeutet, natürliche Objekte entstehen nicht nach einem Plan, der von Absicht verursacht ist.
Künstliche Objekte dagegen sind stets Ergebnis eines Projektes, das ursächlich auf eine Absicht zurückgeführt werden kann. Künstliche Objekte sind beabsichtigte Artefakte.

Bei natürlichen Objekten niedriger Ordnung, wie z.B. einem Steinhaufen, ist der Unterschied zu einem künstlichen Objekt leicht erkennbar. Käme jedoch ein Beobachter von einem anderen Stern auf unsere Erde, geriete er in große Schwierigkeiten, ein irdisches Lebewesen mit seiner komplexen, höchsten Ordnung als natürliches Objekt zu erkennen. Er würde dieses Lebewesen mit Sicherheit als Folge eines durch Absicht verursachten Projektes, als Artefakt ansehen. Wir Erdenbürger wissen allerdings, dass Lebewesen eindeutig den natürlichen Objekten zugeordnet werden müssen – trotz ihrer phantastischen Ordnung. Lebewesen sind aus Milliarden komplexen Proteinen aufgebaut, die wiederum aus Ketten von Aminosäuren bestehen, die in einer bestimmten, klar geordneten Reihenfolge aufeinanderfolgen. Wie aber kann eine solche genau geregelte Ordnung entstehen, wenn kein absichtsvoller Plan dieser Ordnung, sondern der Zufall herrscht?
Wenn allein der blinde Zufall Motor der Ordnung eines Lebewesen wäre und aus einem Pool von 100 Aminosäuren ein Lebewesen höchster Ordnung produzieren sollte, würden nach Berechnungen von Küppers (1981) $t = 10^{122}$ Sekunden vergehen – ein unvorstellbarer Zeitraum. Denn das bisherige Alter des Universums beträgt erst 10^{17} Sek. Damit scheidet der blinde Zufall als alleiniger Verursacher dieser Ordnung aus. Nach den Gesetzen der Logik müssen lebende Objekte daher mit einem inneren Plan ausgestattet sein, der sich sowohl in ihren Strukturen, ihrem Aufbau, aber auch in ihren Leistungen, z.B. Artefakte zu schaffen, ausdrückt. Da ein Plan grundsätzlich in die Zukunft weist, auf ein Ziel hin gerichtet ist, z.B. auf Vermehrung, nennt man diese Eigenschaft, die sich ausschließlich bei den Lebewesen findet, teleonomisch (Monod). Lebewesen besitzen Teleonomie, da sie

mit ihrer Struktur und ihrem Handeln ein Projekt verwirklichen. Sie unterscheiden sich daher grundsätzlich von allen anderen natürlichen Objekten, folgt man der Forderung der Wissenschaft nach der strengen Objektivität aller natürlichen Ereignisse. Nun kann ein Plan oder ein Projekt durch eine Absicht verursacht worden sein. Die wissenschaftliche Maxime einer objektiven Natur schließt jedoch jede Art von außen kommender Absicht aus. Nimmt man eine solche an und „unterwirft sich nicht der strengen Zensur der Objektivitätsforderung, verlässt man den Boden der Wissenschaft" (Monod). Der innere Plan muss also, schließt man eine Absicht aus, durch besondere physikochemische a-priori-Eigenschaften der biotischen Materie bedingt sein. In diesen Eigenschaften muss nach wissenschaftlicher Aussage der Schlüssel für die bewundernswerte Ordnung zu finden sein. In der Tat besitzen die organischen Makromoleküle die autonome intrinsische Fähigkeit zur Selbstorganisation. Sie sind frei von äußeren Kräften und bedürfen keiner Lenkung von außen. Diese Fähigkeit zur Selbstorganisation beruht auf den stereochemischen Eigenschaften der biotischen Moleküle, besondere Bindungen einzugehen.
Zwei Beispiele sollen typische physiko-chemische Grundlagen des intrinsischen Projektes erläutern:
- Nachdem sich die ersten organischen Mikromoleküle gebildet hatten, nahm die Entwicklung eine bemerkenswerte Richtung. Bestimmte organische Mikromoleküle in den Ozeanen waren optisch aktiv, d.h. sie drehten das polarisierte Licht. Somit gab es spiegelbildliche L- und D-Formen (linksdrehend, rechtsdrehend) gleicher Moleküle (Chiralität, Abb. 7).

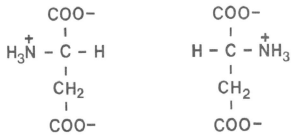

Abb. 7 Links-Rechtskonfiguration der Asparaginsäure (Chiralität)

Irgendwann muss im Laufe der chemischen Evolution des Lebenden eine grundsätzliche Entscheidung gefallen sein: praktisch alle für das Leben essentiellen Aminosäuren gehören der L-Form, alle Zucker der Nukleotide jedoch der D-Konfiguration an, ein wirklich überraschendes Phänomen, so dass sich Einstein zu der Aussage veranlasst sah, Gott sei wohl Linkshänder gewesen. Dadurch ergab sich für die Proteinsynthese durch die Nukleinsäuren die notwendige Komplementarität (chemische Passgenauigkeit) zwischen den beiden Substanzgruppen – ein spezifisch begründeter Baustein des intrinsischen, zweckgerichteten Projektes.

- Die Träger der zielgerichteten (teleonomischen) Leistungen sind die Proteine. Sie haben als Enzym-Proteine die besondere Fähigkeit, andere Moleküle zu „erkennen" und dadurch den Stoffwechsel zu lenken. Enzyme sind durch Faltung von Aminosäurenketten entstandene globuläre Proteine, die bestimmte Stoffwechselschritte mit ungeheurer Geschwindigkeit katalysieren, ohne dabei verändert zu werden. Sie bilden für Bruchteile von tausendstel Sekunden mit ihrem sogenannten aktiven Zentrum ein Enzym – Substratkomplex, zapfen das chemische Potential durch blitzartige Übertragung von Elektronen an und lösen sich wieder. Die Katalyse läuft bei den klassischen Enzymen hochspezifisch nur an einem Ort des Stoffwechsels ab, z.B. nur an der L-Konfiguration eines Moleküls. In diesen stereospezifischen Leistungen von Enzymen liegt die besondere Fähigkeit von Proteinen, andere Moleküle „zu erkennen", und so einen zweckgerichteten, teleonomischen Ablauf zu erzielen. Zu diesen Leistungen befähigen sie wiederum zwei molekulare Bindungsarten, die unterschiedliche Bindungsstabilität bedingen:
a) kovalente Bindungen
b) non-kovalente Bindungen

Bei kovalenten Bindungen stellt sich zwischen zwei oder mehreren Atomen eine gemeinsame Elektronenbahn her, die hohe Stabilität der Verbindung gewährleistet und zur Lösung der Bindung großer Aktivierungsenergie bedarf. Non-kovalente Bindungen sind dagegen von nur geringer Stabilität, da sie keine gemeinsame Elektronenbahn besitzen. Bei kovalenter Bindung laufen die Reaktionen bei normaler Temperatur und ohne Enzym extrem langsam ab. Non- kovalente Bindungen zeigen auch bei niedriger Temperatur und ohne Katalysator eine sehr hohe Reaktionsgeschwindigkeit, die darauf beruht, dass die Oberflächen zweier benachbarter unterschiedlicher Moleküle physiko-chemisch komplementäre, zu einander passende Flächen (im übertragenen Sinne eine Art vorübergehender „magnetischer" Anziehungskraft besitzen), so dass sie schnell miteinander in Kontakt treten. In non-kovalenten Bindungen liegt das Geheimnis der sich bildenden, schnell andockenden und sich wieder lösenden Enzym-Substrat-Komplexe, bei denen sich aufgrund der sehr lockeren Bindung von komplementären Flächen nur eine äußerst geringe Bindungsenergie aufbaut. Enzym-Substrat-Komplexe gehen somit grundsätzlich non-kovalente Bindungen ein und gewinnen dadurch ihre hohe Reaktionsgeschwindigkeit. Diese Eigenschaft der Proteine ist somit teleonomisch zielgerichtet.

Das zweite Kriterium für Leben stellt die autonome, aufgrund des intrinsischen Programms vorgegebene Entwicklung der Struktur eines Lebewesens dar (autonome Morphogenese). Die Struktur wird aus sich selbst heraus, aus den oben beschriebenen stereochemischen Eigenschaften der Proteine bestimmt, so dass sie praktisch frei ist von äußeren Kräften und Bindungen. Das innere Programm ihrer Bildung wird nicht von außen gelenkt. Die Entwicklung von Leben ist somit spontan und autonom.

Die dritte, allein bei Lebewesen auftretende Eigenschaft ist in der Fähigkeit zu gleichförmiger Reproduktion zu sehen (invariante Reproduktion). Kein anderes natürliches Objekt besitzt dieses wohl komplexeste Merkmal, das die Natur bisher hervorgebracht hat. Es beruht auf der Weitergabe von Information, die in den Nukleinsäuren kodiert gespeichert ist.

Leben hat somit drei grundlegende Merkmale, die es von allen anderen natürlichen Objekten unterscheidet (Monod):

- zweck- und zielgerichtete Reaktion (Teleonomie)
- freie, von äußeren Einflüssen praktisch unabhängige, aus sich heraus entstehende Strukturbildung (autonome Morphogenese)
- gleichförmige Vermehrung durch Informationstransfer (invariante Reproduktion)

Alle drei Eigenschaften legen das Programm fest, als dessen Resultat Leben entsteht. Man kann diese a priori-Eigenschaften allerdings nur beschreiben. Die Frage, warum das intrinsische Programm so und nicht anders ausgefallen ist, kann von der Wissenschaft nicht beantwortet werden. Wissenschaft ist stets nur in der Lage, das „Wie", jedoch nicht das „Warum" zu klären. Das „Warum" überschreitet den rein empirischen Bereich der Wissenschaften. Wissenschaft kann stets nur empirische Grundlage, niemals Weltanschauung sein. Die Frage nach dem „Warum" ist eine unwissenschaftliche, weltanschauliche Frage. Nach szientistischer Auffassung ist sie nicht berechtigt und daher sinnlos.

Alle materiellen Systeme, auch alle Lebewesen, unterliegen den Gesetzen von Physik und Chemie. Allerdings schien die im Verlauf der Evolution sich immer höher aufschwingende komplexe Ordnung der Lebewesen dem zweiten Hauptsatz der Thermodynamik zu widersprechen. Nach dem zweiten Hauptsatz strebt ein geschlossenes System stets einen Zustand minimaler Ordnung (maximale Entropie = Unordnung) an. Anders ausgedrückt bedeutet das, dass in einem solchen energetisch abgeschlossenen System alle Temperaturunterschiede danach streben, spontan zu verschwinden. Temperaturunterschiede (thermodynamische Potentialdifferenzen) bedeuten Energieerhalt oder negative Entropie (Negentropie = Ordnung), Temperaturausgleich dagegen Energieverfall.
In einem geschlossenen System wie dem Universum würde Ausgleich aller thermodynamischen Potentiale Abbau jeglicher Ordnung (maximale Entropie) bedeuten, so dass keinerlei Ereignisse mehr ablaufen und Erstarrung eintreten würde. Allerdings können sich innerhalb eines so ungeheuer großen „geschlossenen Systems", wie es das Weltall darstellt, „offene Systeme" wie das Leben zu höherer Ordnung auf-

schwingen unter Zunahme der Gesamtentropie (Energieverfall) im Universum. Ermöglicht werden solche Ereignisse regional höherer Ordnung, wie Lebewesen oder Bildung neuer Sterne sie darstellen, allein durch die schon beschriebene gravitative Fragmentation des Universums, die thermodynamische Potentialdifferenzen aufrechterhält. Die Entwicklung von Leben als kleines, gegenüber dem Universum nicht abgeschlossenes System verletzt somit den zweiten Hauptsatz der Thermodynamik grundsätzlich nicht, da Lebewesen eben offene Systeme darstellen. Die Gravitation ist somit verantwortlich für alle Ereignisse im Universum, auch für unsere Existenz.

Naturphilosophie und Theologie zur Entstehung des Lebens
Die Erkenntnisse der Wissenschaft von den intrinsischen, teleonomischen Eigenschaften der Lebewesen, die wiederum einzig und allein auf den physiko-chemischen Merkmalen der biotischen Makromoleküle beruhen, scheinen alle religiösen Glaubensinhalte und Aussagen eines großen Teils der idealistischen philosophischen Systeme infrage zu stellen.
Um es nochmals klarzumachen: die Wissenschaft sieht in den teleonomischen, ziel- und zweckgerichteten Eigenschaften von Lebewesen ein rein physikalisches Grundprinzip, dessen antreibende Mechanismen eindeutig aus den stereochemischen Merkmalen der Makromoleküle herzuleiten sind. Es bedarf somit keiner zusätzlichen vitalistischen, von außen kommenden Kraft, um den Unterschied zwischen unbelebter und belebter Natur zu erklären.
Eine solche animistische, absichtsgesteuerte Kraft wird jedoch unter der prinzipiellen Annahme einer göttlichen Erschaffung des Universums von allen Religionen als unabdingbare Glaubenswahrheit angenommen. Diese sich anscheinend unvereinbar gegenüberstehenden Ansichten von Wissenschaft und Religion führten bei vielen Wissenschaftlern zu einer rein materialistischen Weltanschauung, obwohl Wissenschaft nur Grundlage für die Erklärung der Materie und ihrer zugrundeliegenden Gesetze, jedoch niemals Weltanschauung sein kann. Andererseits versuchte die Theologie immer wieder, neue Barrieren gegen die sich rasant entwickelnden Erkenntnisse der Naturwis-

senschaften aufzubauen. Sie bestritt dabei ihre Rückzugsgefechte mit geistiger Unterdrückung und absurden Argumenten, ohne jedoch den Zusammenbruch vieler ihrer Thesen zur Natursicht verhindern zu können. Dieses seit Jahrhunderten währende spannungsreiche Verhältnis zwischen Wissenschaft, idealistischer Philosophie und Theologie besteht auch heute noch weiter. Jedoch ist die Schärfe der Auseinandersetzung einer gewissen geistigen Koexistenz gewichen. So konnte der Theologe Hans Küng auf der 123. Sitzung der „Gesellschaft Deutscher Naturforscher und Ärzte" 2004 ein Grundsatzreferat „Zum Ursprung des Universums" halten, in dem er sich mit der Beziehung Gottes mit dem Universum auseinandersetzte. Beide Seiten sind neuerdings in der Lage, ohne Polemik miteinander zu reden.
Im Folgenden wollen wir den Grundkonflikt zwischen Wissenschaft einerseits und idealistischer Philosophie und Theologie andererseits am Beispiel der Evolutionstheorie verfolgen.

Wenn wir eine Grundeigenschaft der Materie unseres Universums beschreiben wollen, müssen wir sagen, alle Materie befindet sich in einer kontinuierlichen, sich beschleunigenden Entwicklung von immer neuen regelmäßigen Strukturen oder Mustern. Das gilt für die unbelebte Natur ebenso wie für die Biosphäre. Was ist mit solchen regelmäßigen Mustern oder Strukturen gemeint?
Ein Molekül einer gegebenen Verbindung hat eine bestimmte Struktur. Es kann bei gleicher Anzahl von Atomen jedoch eine sehr unterschiedliche Anordnung seiner Grundbausteine, und damit eine unterschiedliche Struktur oder ein unterschiedliches Muster mit völlig andersartigen chemischen Eigenschaften aufweisen. Eine Struktur besteht somit aus bestimmten Elementen, die immer in einer festen Ordnung zueinander stehen. Offensichtlich kommt dabei etwas heraus, das mehr ist als die Summe seiner Einzelelemente. Dieses war schon Aristoteles bekannt, der in seiner „Metaphysik" sich folgendermaßen äußert: „Jedes Objekt leitet seine Eigenschaften aus dem festen Verhältnis seiner Einzelelemente ab... Jedes Objekt besteht aus beidem, aus Materie und Muster".

Alle Strukturen oder Muster sind das Resultat einer beständig ablaufenden Entwicklung, die wir Evolution nennen. Zufall und Notwendigkeit sind dabei nach wissenschaftlicher Auffassung deren treibende Kräfte. Zweifellos entwickeln sich die verschiedenen Systeme (Galaxien, Biosphäre u.a.) im Universum infolge der Evolution zu immer höherer Ordnung. Der „blinde" Zufall konnte dafür nicht verantwortlich sein, wie wir vorher gesehen haben (S.36). Er muss durch etwas in seiner absoluten Freiheit, die ins Chaos führen würde, begrenzt werden. Die Theorie besagt, dass das, was aus vielen zufälligen Ereignissen ausgewählt wird, vom Muster der Materie mit ihren physiko-chemischen Eigenschaften abhängt. Durch diese Gesetzmäßigkeit wird die Anzahl der zufälligen Möglichkeiten massiv begrenzt. Ein sprachliches Beispiel soll zeigen, wie das Grundmuster die zufälligen Möglichkeiten begrenzt und bestimmt, so dass Chaos vermieden wird.

Der Satz „Er fährt das Auto" kann verändert und erweitert werden:
Du fährst das Auto.
Er fährt das Auto viel zu schnell.
Er fährt das Auto nach Hause.
Diese Modifikationen sind semantisch korrekt und werden vom Grundmuster „Er fährt das Auto" zugelassen und als passend bestimmt.

Die folgenden Modifikationen werden vom Grundmuster jedoch linguistisch nicht erlaubt und damit verworfen:
Er fährt das Auto durch und durch.
Er fährt das Auto auf die Nadel blau.
Er fährt das Auto seine Tochter grün.

Wir sehen hier, wie die Grundstruktur bestimmte zufällige Möglichkeiten zulässt, andere dagegen verwirft und somit aus den vielen möglichen Zufällen „auswählt". Gleiches gilt auch für Moleküle. Damit ist das zweite, den Zufall begrenzende Grundprinzip der Evolution, die „Notwendigkeit" erklärt. Durch die auswählende oder verwerfende Natur des Grundmusters der Materie wird der blinde Zufall gezähmt und in einen Zufall mit eingeschränkter Freiheit verwandelt. Diese

Feststellungen führen uns in der Biosphäre zurück auf das intrinsische teleonomische Projekt, das in jeder biotischen Materie steckt, die wiederum nach ihrem intrinsischen Plan aus der Vielzahl der Möglichkeiten (z.b. der Mutationen) auswählt. Die Wissenschaft kann somit das „Wie" erhellen. Das „Warum" bleibt ihr verschlossen. Der theologische und philosophische Ansatz geht hier weiter. Er sucht nach einer Antwort auf das „Warum". Die Unfähigkeit der Naturwissenschaften, diese Frage beantworten zu können sowie die Unschärfe weiterhin hypothetischer, rein materialistischer Erklärungsmodelle der Evolution stellen die wesentlichen Kritikpunkte der Theologie an der wissenschaftlichen Interpretation der Evolutionstheorie dar. So schreibt Karl Schmitz-Moormann: „Die Theorie des Neodarwinismus baut bekanntlich auf das Auftreten von Zufallsmutationen und Selektion als Erklärung für die evolutive Bewegung auf. Dieses Erklärungsmodell erklärt aber nichts, viel mehr beschreibt es nur zweierlei: einerseits sagt es, dass sich etwas verändert (Mutation) und dass einiges davon überlebt (Selektion). Weshalb sich etwas verändert, wird nicht angegeben. Der Zufall ist kein theoretisches Erklärungsmodell, sofern nicht angegeben wird, unter welchen Randbedingungen der Zufall wirksam wird... Weder Zufallsmutation, noch die Selektion erklärt etwas, die beiden Begriffe haben im besten Falle deskriptiven Wert im Hinblick auf das objektive Geschehen".

Dem ist entgegenzuhalten, dass die Randbedingungen, unter denen der Zufall wirksam wird, heute durchaus in einem hohen Maße von den Naturwissenschaften wahrscheinlich gemacht worden sind, nämlich durch die Erkennung der teleonomischen a priori-Eigenschaften der biotischen Makromoleküle. Auch sollte die heute noch bestehende Unkenntnis bestimmter in der biotischen Evolution wirksamer Gesetzmäßigkeiten nicht dazu verleiten, wiederum eine absichtsvolle, vitalistische, von den Naturgesetzen unabhängige Kraft die Erkenntnislücken schließen zu lassen. Zu häufig hat die Theologie derartige Rückzugsgefechte verloren. Gott sollte nicht als Lückenbüßer für noch bestehende empirische Wissenslücken herhalten.

Die Tatsache, dass das gesamte Universum und im Speziellen die Biosphäre aus einem evolutiven Prozess hervorgegangen ist, wird von der

Theologie jedoch nicht mehr bezweifelt. Allerdings vollzog sich dieser Einstellungswandel der Theologie unter dem Druck der zunehmenden naturwissenschaftlichen Erkenntnisse sehr schmerzhaft und ist auch heute noch nicht abgeschlossen, wie die oben zitierten Äußerungen von Schmitz-Moormann bezeugen. Wir wollen im folgenden diese Entwicklung in ihren historischen Grundzügen versuchen aufzuzeigen.

Evolution in seiner allgemeinsten Fassung bedeutet, dass unser Universum, so wie es heute beschaffen ist, aus einem seit dem Urknall ablaufenden Prozess ständigen Werdens hervorgegangen ist. Stets entwickelt sich aus diesem Prozess etwas Neues. Es gibt keinen Stillstand, auch wenn unser menschlicher Wunsch nach Beständigkeit und Sicherheit dem ewigen Werdeprozess zu widerstreben scheint.

Der älteste abendländische Philosoph, der den kontinuierlichen universellen Prozess des Werdens erkannt hat, war Heraklit (540 v.Chr.). Sein „Panta rhei" wurde zur Grundformel der Evolution schlechthin.

Empedokles von Agrigent (gest. 435 v. Chr.) entwickelte als erster eine Art einfacher Evolutionstheorie: Teilchen der Urelemente sind bis ins Unendliche teilbar, beweglich und verbinden sich durch Zufall zu Lebewesen, die zunächst infolge des Chaos völlig missgestaltet, nicht überleben konnten. Im Laufe der weiteren Entwicklung blieben nur die am Leben, die sich zu einem organischen Ganzen vereinigten. Von Empedokles werden Zufall und Selektion 2300 Jahre vor Darwin erstmals als Grundelemente des Werdens erkannt. Der Grundgedanke des ständigen Werdens ging dann mit den Lehren des Aristoteles und seinem ungeheuren Einfluss auf die mittelalterliche Kirche für ca. 1700 Jahre verloren. Werden ist in der Naturphilosophie des Aristoteles nur eine Wiederholung von etwas schon Dagewesenem, das die Entwicklung von Neuem ausschließt. Ein Mensch konnte immer nur aus einem Menschen entstehen. Eine natürliche Entwicklung zum Menschen hin war für Aristoteles nicht vorstellbar. Diese statische Natursicht beherrschte die Dogmatik der Kirche seit ihrer frühchristlichen Entstehung. So lieferte der Schöpfungsbericht der Bibel bis in das 19. Jahrhundert die allein gültige Erklärung für die Entstehung des Menschen. Auch Linné (1707 – 1778), der als erster eine noch heute gültige Klassifikation der Tier- und Pflanzenwelt durchführte, glaubte noch, die Tiere so zu beschreiben, wie sie Gott am 5. und 6. Tag der Genesis erschaffen hatte, in einer linearen, horizontalen, nicht in einer aszendierenden Reihe. Eine Entwicklung der Arten aus einfacheren Vorstufen lag für ihn jenseits aller Vorstellungen.

Mit Carl v. Linné war jedoch der Endpunkt einer historischen Epoche erreicht, in der zwischen Theologie und Naturwissenschaft keine fundamentalen Konflikte bestanden hatten. Beide Denksysteme gingen davon aus, dass alles Leben göttlichen Ursprungs war. Eine Synthese der religiösen und naturwissenschaftlichen Theorien schien dadurch möglich, dass bis zu diesem Zeitpunkt sich die drei führenden intellektuellen Ströme miteinander vereinbaren ließen:

- Griechische Philosophie: die idealistische Metaphysik Platons sowie die teleologische Doktrin der letzten Ursachen des Aristoteles

- Christliche Theologie: die göttliche Schöpfung

- Klassifikation (Taxonomie) der Tier- und Pflanzenwelt: horizontale Systematik (Carl v. Linné 1735)

Platon vertrat die Ansicht, dass alle Objekte unserer Wahrnehmung vorübergehende Bilder darstellen, die nur annähernd dem transzendenten Original des Demiurg, des Weltenlenkers entsprechen. Die wahre Realität wird nicht von der Welt der sinnlichen Erfahrung repräsentiert, sondern von der transzendenten Welt der „reinen unveränderlichen Formen". Unsere Wahrnehmung der Objekte um uns sind „nur Schattenwürfe des ewigen Lichtes auf die Mauern der Höhle" (Zitat aus dem Höhlengleichnis in der „Politea").

In der christlichen Theologie wurden die „reinen Formen" des Demiurg als Ideen Gottes interpretiert. Platons Metaphysik beeinflusste daher aufgrund ihrer Kompatibilität mit christlichen Vorstellungen nachhaltig die theologische Ideenwelt des Mittelalters und der beginnenden Neuzeit. Gleiches gilt auch für Aristoteles, der der Idee „der reinen transzendenten Form" des Demiurg in einem weiteren Ansatz eine zweckgerichtete (teleologische) Funktion hinzufügte. Hiermit befriedigte er ein Grundbedürfnis der Theologie, nämlich die Beantwortung der Frage nach dem „Warum".
Sowohl die Platon/Aristotelische Philosphie als auch die in der Mitte des 18. Jahrhundert entstandene Linné'sche Systematik der gesamten Biosphäre, die noch keine aszendierende Abfolge der Arten erkennen ließ, waren mit dem biblischen Schöpfungsbericht vereinbar.

Diese Phase der friedlichen Koexistenz zwischen Theologie und Naturwissenschaft in der Frage nach der Herkunft der Biosphäre ging gegen Ende des 18. Jahrhunderts mit dem französischen Philosophen und Mathematiker Pierre Louis Moreau de Maupertuis (gest. 1759) zu Ende. Er war ein Zeitgenosse Linnés und entwickelte erstmals Vorstellungen, die den Theorien des Neodarwinismus schon recht nahe kamen. Er vermutete, dass die Selektion bestimmter Zufallsveränderungen durch Umweltbedingungen verursacht und für die strukturelle Vielseitigkeit der Arten verantwortlich zu machen waren, ein fast schon modern anmutendes Konzept.
Auch sein Landsmann George Louis Comte de Buffon (gest. 1788) ging davon aus, dass die Arten sich aus einer Urform evolutiv entwickelt haben mussten. Er brachte sich damit in Gegensatz zur geltenden kirchlichen Lehre, so dass seine Theorie von den Theologen der Sorbonne als ketzerisch verurteilt wurde, da er den Schöpfungsglauben verlassen habe.
Der Gedanke an eine Urform, aus der alles spätere Leben entstanden ist, ließ sich jedoch nicht mehr unterdrücken. Der Großvater von Charles Darwin, der Arzt und Botaniker Erasmus Darwin (1731-1802) stellte in seiner Arbeit: „Zoonomia: Laws of Organic Life" die Frage nach dem biologischen Ursprung alles Lebenden, den er etwas vage vor einigen Millionen Jahren datierte. Er nahm in vereinfachter Form

die Theorie der biologischen Evolution vorweg, deren Präzisierung seinen Enkel Charles später berühmt machen sollte.
In Deutschland war es Treviranus, der schon 1802 in seinem Werk die Auffassung vertrat, dass alle höheren Lebensformen sich allmählich aus ursprünglich Einfachem entwickelt haben müssen. Erstaunlicherweise wurden die Ideen von Erasmus Darwin und Treviranus von der offiziellen Theologie kaum zur Kenntnis genommen.

Eine neue Nuance fügte Jean Baptiste de Monet, bekannter unter dem Namen Chevalier de Lamarck (1744-1829) der sich allmählich abzeichnenden modernen Evolutionstheorie hinzu. Ursprünglich wollte Lamarck Priester werden, wandte sich jedoch dann den Naturwissenschaften zu und wurde Professor für Zoologie in Paris. Hier entwickelte er seine „Erste moderne Deszendenztheorie", die heute noch von den Neodarwinisten abgelehnt wird, obgleich eine Widerlegung seiner Vorstellungen bisher nicht gelungen ist. Seinem Ansatz lag folgende Grundannahme zugrunde: Die im Laufe von Jahrmillionen auftretenden Veränderungen und die Zweckmäßigkeit in der Ausstattung der Lebewesen sind auf Anpassung an die unterschiedlichen Einflüsse der Umwelt zurückzuführen. Dieser Grundgedanke besitzt auch heute noch Geltung. Problematischer in ihrem Aussagegehalt sind dagegen seine weiteren Thesen:

1. Alles Lebendige strebt permanent nach Volumenvergrößerung, deren Ausmaße durch das Leben selbst begrenzt werden.
2. Die Bildung neuer Organe oder Organellen erfolgt aufgrund eines neuen Bedürfnisses.
3. Die Entwicklung und der Umfang eines Organs ist direkt proportional seinem Gebrauch.
4. Alle Änderungen eines körperlichen Organismus werden auf die Nachkommen übertragen.

Vor allem die letzte Aussage zur Vererbbarkeit erworbener Eigenschaften konnte bis heute nicht bestätigt werden.
Lamarck sah sich aus kirchlich-klerikalen Kreisen großen Anfeindungen ausgesetzt. So lehnte sein vorrangiger Gegner George de Cuvier

(1769 – 1832), der die Oberaufsicht über die protestantischen theologischen Fakultäten führte, die Lamarck'sche Deszendenz-Theorie in öffentlichen Pamphleten ab, da sie der Lehre von der steten göttlichen Neuschöpfung widerspräche.

Seit Anfang des 19. Jahrhunderts gab die Naturwissenschaft ihre von Platon, Aristoteles, Linné und der Theologie geprägte statische Vorstellung von der belebten Natur, die von Gott schon unterschiedlich geschaffen worden ist, mehr und mehr zugunsten des evolutiven Konzeptes der Entstehung der Arten aus einer Urform auf und geriet damit in einen fundamentalen Konflikt mit der Theologie. 1859 erschien „The Origin of Species" von Charles Darwin als Endpunkt einer längeren geistigen Entwicklung des Autors, die in den 1830iger Jahren begonnen hatte. Seine revolutionären naturwissenschaftlichen Aussagen zerstörten schlagartig die bisher gültigen theologischen Vorstellungen von der göttlichen Erschaffung der Arten. Er stieß einen z.T. polemisch geführten Diskurs an, der auch heute noch nicht als beendet angesehen werden kann. Darwins Buch errang in kurzer Zeit eine ungeheure Popularität und wirkte trotz der zwiespältigen Reaktionen, die es auslöste, offensichtlich für viele wie eine Befreiung aus geistiger Bevormundung. Durch Darwin wurde die radikale Überprüfung der Beziehung zwischen Theologie und Naturwissenschaften erzwungen, die einen bis heute währenden ständigen, im 19. Jahrhundert polemisch geführten Diskurs einleitete. So forderte Thomas Huxley als Verteidiger von Darwin in dem berühmten Streit mit dem anglikanischen Bischof Samuel Wilberforce (1860) die Befreiung des Menschen aus den Fesseln der Religion durch eine agnostische, freie wissenschaftliche Weltsicht. Ernst Haeckel proklamierte die Materie als einzige Wahrheit. Materie und Geist sind nach seiner monistischen Auffassung nur zwei komplementäre Aspekte der gleichen universellen Substanz, und Marx prognostizierte den endgültigen Beginn des Atheismus und die materialistische Genese der menschlichen Natur und Gesellschaft.

Karl Vogt und Ludwig Büchner in Deutschland forderten einen wissenschaftlichen Atheismus. Vor allem Büchner, ein Arzt aus Darmstadt, kämpfte in seinen Büchern „Kraft und Stoff" (1855), „Natur und

Geist" (1857) sowie „Der Gottesbegriff und dessen Bedeutung" (1874) in polemischer Form für eine rein materialistische Weltanschauung: die Materie ist ewig im unendlichen Raum (die Unendlichkeit des Raums durch Einstein widerlegt), Bestandteil eines geschlossenen Universums, in dem wir Menschen ungeplant und zufällig entstanden sind. Von einer geistigen Kraft zu sprechen ist sinnlos, da der Geist von der Materie gelenkt wird.

Diverse antichristliche Gesellschaften entstanden und versuchten, diese neue Weltsicht voranzutreiben. Wie reagierte die Theologie auf diese Herausforderung durch die Naturwissenschaften? Zunächst lässt sich überraschenderweise feststellen, dass trotz der heftigen ideologischen Auseinandersetzung das Kirchliche Lehramt die Evolutionslehre niemals offiziell verurteilt hat – auch nicht in der Zeit der schärfsten beiderseitigen Polemik. Das Vaticanum I traf keine Entscheidung, stellte sogar fest, dass es zwischen Glauben und Wissenschaft keinen Widerspruch geben könne. Dennoch formierte sich in Teilen der Kirchen heftiger Widerstand gegen die Evolutionstheorie Darwins. Eine Reihe von führenden katholischen Dogmatikern des 19. Jahrhunderts wie Jungmann, Kalchthaler oder Huster verwarfen die Vorstellung von der evolutiven Entstehung des Menschen als ketzerisch. Aber auch protestantische Theologen wie Michelis und Hagermann u.a. verurteilen die Darwin'sche Lehre. Ähnliches geschah in Frankreich (Fabre d'Envieu, Abbé Désorges u.a.), England (Kardinal Manning u.a.) und den USA.

In der Vielfalt der Meinungen finden sich jedoch auch solche, die in Darwins Thesen stärkende Elemente für das Christentum sahen, da sie einen anderen Blick auf die Schöpfung Gottes ermöglichten, „a loftier view to God's work in Creation" (Charles Kingsley). Der anglokatholische Priester Aubrey Moore stellte fest, dass der Darwinismus „definitiv christlicher als die Theorie der speziellen Schöpfung" sei.
Der zum Katholizismus übergetretene Anatom G.J. Mivart bemühte sich, eine Brücke zwischen Theologie und Naturwissenschaft zu bauen. In seinem 1871 erschienenen Buch „The Genesis auf Species" akzeptierte er die Evolution des Menschen aus einer Urform, lehnte

jedoch Mutation und Selektion als treibende Kräfte ab und führte als deren Motor eine intrinsische Kraft zur Individuation ein. Seine Thesen brachten ihm die Exkommunikation ein, seine Schriften wurden 1892 auf den Index gesetzt. Außerdem hatte er die Universität Oxford zu verlassen.
Andere Geistliche bauten auf den Lehren von Mivart auf, so der Dominikaner M.D. Leroy mit seinem Buch „L'evolution restreinte aux espèces organic" und P. Zahn mit „Dogma und Evolution".

1925 scheiterte im Vatikan ein Versuch konservativer Geistlicher, eine offizielle Verurteilung der Evolutionslehre durchzusetzen, am Widerstand verschiedener Kardinäle. Dennoch vertraten breite Kreise in der katholischen Kirche bis in die 50iger Jahre des 20. Jahrhunderts weiterhin die Ansicht, dass der Mensch in seiner jetzigen Form von Gott erschaffen worden ist. Selbst in der 1954 erschienenen Enzyklika „Humani generis" wurde der Ursprung des Menschen noch auf ein einziges Elternpaar zurückgeführt. Auch die protestantische Kirche hatte sich bis 1996 noch nicht aus dem Dogma der unmittelbaren Erschaffung des Menschen durch Gott gelöst.
Besonders Teilhard von Chardin (1882-1955) litt unter dem kirchlichen Verdikt seines Lebenswerkes. Er trat 1899 in den Jesuitenorden ein und entwickelte schon sehr früh die Vorstellung, dass auch die Entwicklung des Menschen den Gesetzen der Evolution unterworfen ist. Er erkannte die Welt als evolutive Struktur und versuchte, die katholische Theologie mit der Evolution in Einklang zu bringen. Seine theologischen Vorstellungen einer Harmonisierung naturwissenschaftlicher Erkenntnisse mit der Theologie blieben jedoch in der römischen Zensur hängen und führten 1925 zur erzwungenen Aufgabe seines „Lehrstuhls für Geologie" an der Sorbonne. Er ging ins Exil nach China und war bei der Entdeckung des Homo pecinensis beteiligt. Seine theologischen Schriften wurden von der Kurie indiziert. Katholischen Buchhandlungen wurde untersagt, sie zu verkaufen.

Teilhard sah in der Evolution ein allumfassendes Prinzip einer dynamischen Weltentwicklung zu immer höheren Elementen hin. Nach seiner Auffassung war das statische Weltbild der Schöpfung, das wei-

terhin von der Theologie dogmatisch vertreten wurde, dringend revisionsbedürftig, da es die Theologie unglaubwürdig machte und ihren Bezug zur realen Welt verhinderte. Das ständige Werden in der Evolution stellte für Teilhard ein Grundphänomen der permanent ablaufenden Schöpfung dar, die am Ende aller Zeiten nur ein Ziel hat – Jesus Christus. Die „universelle Evolution hat eine Richtung, nämlich die Richtung des Geistes".
Teilhard starb nach seiner Flucht aus China 1955 in New York. Noch 1962 wurde in einer Ermahnung von der Kurie vor der Lektüre seiner Schriften gewarnt.

Erst Ende der 90iger Jahre des 20. Jahrhunderts erklärte eine Theologenkonferenz unter der Leitung von Kardinal Josef Ratzinger, dass die Evolutionstheorie mit der katholischen Schöpfungslehre vereinbar sei. Wie stellt sich die Situation heute dar?

Auch heute ist die Auseinandersetzung über den Wahrheitsgehalt von Schöpfungsdoktrin und Evolutionstheorie nicht zu einem Ende gekommen. 126 Jahre nach dem Streitgespräch zwischen Thomas Huxley und Bischof Samuel Wilberforce (1860) wurde in der Universität Oxford unter Wissenschaftlern eine Abstimmung zu der Behauptung durchgeführt: „Die Doktrin der Schöpfung ist valider als die Theorie der Evolution". 198 Wissenschaftler stimmten gegen diese Aussage, 115 dafür. An diesem Ergebnis ist überraschend, wie viele Wissenschaftler sich für die Überlegenheit der Schöpfungsdoktrin aussprachen. Der Fundamentalismus tut sich offenbar schwer, naturwissenschaftliche Tatsachen zu akzeptieren. Vor allem in den USA hat sich in den letzten Dekaden der Widerstand, vor allem durch eine protestantische, evangelikale Bewegung gegen die Evolutionstheorie versteift. Die „American Creation Research Society" brandmarkt die Theorie als „unchristlich, atheistisch, materialistisch und unmoralisch".
Auch die „British Biblical Creation Society" lehnt die Evolutionstheorie als inkompatibel mit dem Schöpfungsglauben ab.
In Deutschland brach 2006 zwischen Evolutionsbiologen (Kutschera) und Vertretern der Schöpfungsdoktrin ein Streit aus, der zeigt, wie

verhärtet und apodiktisch, teils missionarisch bisweilen beide Seiten auch heute noch miteinander umgehen. Anlass war die Entscheidung der Politik eines Bundeslandes, im Biologieunterricht neben der Evolutionstheorie auch die Theorie einer Schöpfung zu diskutieren. Der wieder aufgeflammte Streit beruht auf dem schon tot geglaubten Missverständnis, dass das Wesen von Schöpfungslehre und Evolutionstheorie nur ein „Entweder Oder", jedoch kein „Sowohl als auch" zuließe. Dabei hat die katholische Kirche seit den 90iger Jahren des 20. Jahrhunderts sowohl die Evolution als kontinuierliche Schöpfung sowie das Hervortreten des Menschen aus der Evolution akzeptiert. Protestantische Evangelikale tun sich weiterhin schwer und „fallen hinter Grundeinsichten der modernen Bibelwissenschaft, die zwischen bleibendem Glaubensinhalt und zeitbedingter Darstellungsform unterscheiden gelernt hat" (Schockenhoff) zurück. Darwin wäre über diese Auseinandersetzung wahrscheinlich erstaunt, da er seine Theorie nicht im Widerspruch zur christlichen Religion gesehen hat.

Es bleibt zu hoffen, dass auch die orthodoxe Theologie ihre Abwehrhaltung gegenüber den Ergebnissen der Biowissenschaften in Zukunft aufgibt, so dass Evolution und Schöpfung nicht mehr sich gegenseitig ausschließende Denkkategorien darstellen.
Gleichermaßen bleibt zu hoffen, dass auch die Naturwissenschaften sich aus ihrer rein materialistischen Befangenheit befreien und die Möglichkeiten eines metaphysischen Seins akzeptieren. Erste Schritte wurden von beiden Seiten getan.-

Die Entwicklung des Ich

Einleitung

Im Verlauf seiner Entwicklung vom Kind zum Erwachsenen entdeckt der Mensch sein Ich. Er empfindet dieses Phänomen als etwas Ureigenes, das nur er besitzt. Er empfindet es als den Motor, der sein Denken, sein Planen, seine Willensakte, seine Gefühlswelt antreibt, als die Substanz seiner Person, als sein Selbst, als Kern seines menschlichen Wesens, als Verursacher aller seiner Handlungen und seines Verhaltens – und dieses Ich empfindet sich als frei.

Die Philosophie, die sich seit mehr als 2000 Jahren mit dem Phänomen des Ich beschäftigt, benutzt als Methode zur Erkenntnis die Introspektion, mit Hilfe derer das innere Erleben analysiert wird. So ist im Abendland über Aristoteles, Augustin, Descartes, Leibniz, Kant, Voltaire und die französischen Enzyklopädisten das Ich gedacht und gleichgesetzt worden mit Vernunft, Verstand, Selbstreflexion, Emotionalität und in der Religion sowie bei manchen Philosophen des Idealismus auch mit dem Begriff der Seele. Immer wieder wurde in der Antike dem Ich eine wesenhafte, substantielle Natur zugeschrieben. Dieser Interpretation hat neuzeitlich erstmals David Hume (1711-1776) widersprochen. Da Seele und Ich keine mit den Sinnen erfahrbaren Gegenstände seien, könnte ihnen weder Substanz, noch Existenz zugeordnet werden. Manche modernen Neurobiologen meinen, die Hume'schen Thesen heute bestätigen zu können und stellen fest: das Ich ist eine Illusion, ein Konstrukt des autonom handelnden Gehirns und nicht real (Churchland und Churchland).
Kant dagegen erkannte die Substanz des Ich an, trennte aber ein empirisches Ich (das, was wir als unser subjektives Ich wahrnehmen) von einem transzendentalen Ich, womit er unser gesamtes Bewusstsein meinte. Hier zeigt sich schon, dass Ich und Bewusstsein offensichtlich eng miteinander verknüpft, jedoch nicht identisch sind. Bewusstsein ist nur ein Teil des Ich. Bewusstsein und Ich können sich trennen, sich „entgrenzen" (G. Roth). Mystische Trance, Drogenrausch oder Psychosen entsprechen solchen Entgrenzungen und Trennungsphänome-

nen ohne oder mit verändertem Ich-Gefühl. So gibt es neurologische Krankheitszustände, bei der das eigene Ich einer anderen Person zugeordnet wird („Ich werde gedacht"). A. Lurija und O. Sacks haben lokale Hirnschädigungen beschrieben, bei denen Patienten nicht wussten, wer sie sind oder behaupteten, gleichzeitig an zwei Orten zu sein.

Bevor wir uns jedoch unserem eigentlichen Thema der Evolution des Ich im Laufe der Menschheitsgeschichte und seiner Entwicklung während des biologischen menschlichen Reifevorgangs zuwenden, müssen wir uns zum besseren Verständnis zunächst kurz mit den in der Moderne erkannten Erscheinungsformen des Ich befassen.

Erscheinungsformen des Ich

Wie wir oben gesehen haben, hat schon Kant zwei unterschiedliche Ich-Formen analysiert. Nach den modernen Erkenntnissen der Neurobiologie und Neuropsychologie lassen sich im Strom der Ich-Empfindungen eine Reihe verschiedener Ich-Zustände ausmachen, die z.T. bestimmten Hirnarealen zugeordnet werden können (G. Roth):

- das Körper-Ich: das Gefühl und die Erkenntnis, dass das Ich und der Körper zusammengehören (ein Kleinkind entdeckt sich im Spiegel als sich selbst),
- das Orts-Ich: das Bewusstsein, nicht gleichzeitig an zwei Orten zu sein. Beide Ich-Formen sind im unteren, hinteren Parietallappen lokalisiert,
- das Mittelpunkt-Ich: das Gefühl, im Zentrum der von mir angenommenen Welt zu sein. Mit diesem Ich-Zustand lassen sich vor allem Aktivitäten im rechten unteren Temporallappen in Verbindung bringen,
- das Kontroll-Ich: das Gefühl, ich bin der Verursacher und Kontrolleur meiner Gefühle (präfrontaler, orbitofrontaler Cortex),
- das autobiographische Ich: das Gefühl meiner historischen und zukünftigen Kontinuität (Temporallappen und orbitofrontaler Cortex),
- das selbstreflexive Ich: das Nachdenken über mich selbst (präfrontaler Cortex?);

- das ethische Ich (Gewissen): Gefühl einer wertenden Instanz in mir, die mich gut oder böse unterscheiden lässt (orbitofrontaler Cortex).

Wir erleben diese Funktionszustände meist einheitlich. Dennoch wird uns das permanente Fluktuieren und Akzentuieren der unterschiedlichen Ich-Zustände ständig kurzfristig bewusst. Wie dieses kontinuierliche Oszillieren unseres Ich's zustande kommt, ist weiterhin trotz intensiver Forschung absolut rätselhaft.

Man kann sich natürlich die Frage stellen, welche Bedeutung eine solche Zerlegung unserer Ich-Empfindungen in verschiedene Ich-Zustände für unser Thema hat. Wir müssen davon ausgehen, dass die evolutive Erscheinung des Ich in der seit 3,5 Mill. Jahren ablaufenden Menschheitsentwicklung über Homo habilis/rudolfensis (2,1 – 1,5 Mill. Jahre), Homo erectus/heidelbergensis bis zum Homo sapiens (nach neuesten Funden in Israel seit ca. 100 000 Jahren) nicht per Fulguration (wie ein „Blitz", Konrad Lorenz), sondern über unterschiedliche Ich-Zustände in kleineren Stufen abgelaufen ist (Hoimar von Ditfurth). Es ist als sicher anzunehmen, dass z.B. das ethische Ich nicht am Anfang der Evolution des Ich gestanden haben kann, sondern dass es am Ende mit der Emergenz des Homo sapiens seine vorläufige letzte Stufe erreicht hat.

Zusammenfassung:
Nach neuzeitlicher neurobiologischer und verhaltenspsychologischer Forschung besteht das Ich aus einem Bündel unterschiedlicher Ich-Zustände, die verschiedenen corticalen und subcorticalen Hirnarealen zugeordnet werden können. Schädigungen dieser Hirnareale führen zum selektiven Verlust bestimmter Ich-Zustände.
Es kann davon ausgegangen werden, dass das Ich mit seinen unterschiedlichen Bewusstseinszuständen im Fluss der evolutiven Gehirnentwicklung nicht „blitzartig" auftrat, sondern über einen längeren Zeitraum in Stufen mit der Evolution des Gehirns emergierte. Dieser evolutiven Entwicklung wollen wir nun nachspüren.

Evolution des Menschen

Der Mensch gehört neben Orang-Utan, Gorilla und Schimpansen in die Gruppe der Hominiden, wobei er mit den Schimpansen am engsten verwandt ist. Wie eng diese verwandtschaftlichen Beziehungen sind, zeigt sich z.b. im Verhalten beider beim Umgang mit der Aggression. Beide Arten sind die einzigen Lebewesen, die die Erfahrung machen können, dass bei der Verfolgung von Zielen wie Lustgewinn, Machtzuwachs und Besitz die Anwendung von Gewalt sich günstig auswirken kann, und sie praktizieren die sich aus dieser Erfahrung ergebenden Möglichkeiten auch konsequent. Wir werden später darauf zurückkommen.

Vor etwa 5 – 7 Mill. Jahren trennten sich die Linien beider Arten, deren Urvorfahr wahrscheinlich ein kleiner Affe (Proconsul) war, der bis vor 12 Mill. Jahren gelebt hat. Die Lücke zu den späteren Hominiden konnte bisher nicht geschlossen werden. Allerdings wurden 2001 im Tschad Fossilien eines eindeutigen Hominiden gefunden, dessen Alter mit 6 bis 7 Mill. Jahren bestimmt wurde (Sahelanthropus tschadensis). Dieser Fund ist rätselhaft, da er in die bisher bekannte gängige Entwicklungsabfolge der menschlichen Art nicht einzuordnen ist.

Die Wiege der Menschen ist unzweifelhaft in Ostafrika die Gegend um den Turkana-See (früher Rudolf-See) und das Rift-Valley. Hier entstand die Gattung Australopithecus, ein aufrecht gehendes Mischwesen, das nicht mehr Affe, aber auch noch nicht Mensch war. Australopithecus lebte vor 4,4 bis 1,1 Mill. Jahren in Form sehr unterschiedlicher Phänotypen. Seine Größe variierte zwischen 120 cm (Australopithecus anamensis), 140 cm (Australopithecus africanus) und 150 cm (Australopithecus afarensis, die berühmte „Lucy"). Sein Gehirn hatte ein Volumen zwischen 400 und 450 cm^3, dem Hirnvolumen von Schimpansen entsprechend. Ob diese Lebewesen Vorläufer der Gattung „Homo" waren oder in ihren späten Stadien gleichzeitig mit den echten Vorfahren von „Homo"lebten, ist immer noch eine intensiv diskutierte Frage. Nach einer von manchen Anthropologen vertretenen Theorie hat sich die Gattung „Homo" aus Australopithecus africanus entwickelt.

In Ostafrika entstanden zwei Menschenarten:

1. Homo habilis, der zwischen 2,1 und 1,5 Mill. Jahren am Turkana-See existierte, eine Größe von 140 cm und ein Gehirnvolumen bis 630 cm^3 hatte, und
2. Homo rudolfensis, der zwischen 2,5 und 1,8 Mill. Jahren ebenfalls am Turkana-See lebte, 155 cm maß und ein Gehirnvolumen von 600 bis 700 cm^3 besaß.

Beide gehörten zu den sogenannten primitiven Choppern, denn sie benutzten eindeutig als Werkzeuge grob behauene Steine, die allerdings über lange Zeit keine Entwicklung aufwiesen. Etwa vor 1,8 Mill. Jahren verließ Homo rudolfensis seinen angestammten Lebensraum (Science 2001) und besiedelte über seine späteren Stadien als Homo erectus Ostasien und China und als Homo ergaster (Homo heidelbergensis) Europa und den Rest der Welt (1. Reise). Beide Typen besaßen mittlerweile ein Gehirnvolumen von ca. 900 cm^3. Ihre höher entwickelten intellektuellen Fähigkeiten zeigten sich in der Kenntnis vom Gebrauch des Feuers und in ihrer Fähigkeit, erheblich bessere Faustkeile, Handäxte, Messer und Schaber herstellen zu können als der primitive Chopper.

1890 fand der holländische Anatom Eugéne Dubois auf Java die ersten Fossilien von Homo erectus, damals ein sensationeller Fund. Sein Alter wurde auf 700 000 Jahre datiert. Bis 1930 entdeckte man in der Nähe der ersten Fundstätte weitere Fossilien dieses Typus: in Sangiran mit einem Alter von 1,6 Mill. Jahren, in Mojokerta von 1,75 Mill. Jahren und in Ngandong den jüngsten Vertreter mit einem Gehirnvolumen von 1000 cm^3 und einem Alter von 150 000 Jahren, möglicherweise schon eine Übergangsform zu Homo sapiens.

1920 kamen in einer Höhle bei Peking Schädelfragmente von 40 Individuen zu Tage, die eindeutig dem Typus Homo erectus zugeordnet werden konnten. Ihr Alter betrug etwa 400 000 Jahre.

Ab 1975 verlagerte sich das Szenario endgültig nach Ostafrika, wo die Fossilien im Rift-Valley und besonders in der Olduvai-Schlucht in Kenia nur so aus den Tuff-Schichten herausrieselten. Als erstes fand Richard Leakey in Coobi Fora (Kenia) einen gut erhaltenen Schädel des Typus Homo erectus mit einem Alter von 1,5 Mill. Jahren. Zur absoluten Sensation wurde 1984 die Entdeckung eines fast vollständigen Skelettes eines ca. zwölfjährigen Jungen in der Gegend des Turkana-Sees durch Richard Leakey und Kamoja Kimeu. Dieser Typ besaß ein Gehirnvolumen von 1000 cm^3, war 168 cm groß und lebte vor 160 000 Jahren. Wahrscheinlich handelte es sich nach Auffassung einer Reihe von Anthropologen um eine sehr späte Form von Homo erectus am Übergang zum archaischen Homo sapiens. Für den Zeitraum jünger als 150 000 Jahre wurden in Asien und China keine Fossilien mehr von Homo erectus gefunden. Was also geschah mit Homo erectus? Die Meinungen zu dieser Frage sind gespalten. Eine Reihe von Forschern glaubt, dass die späten Formen gleichzeitig mit Homo sapiens lebten und daher ausstarben. Andere vermuten einen allmählichen Übergang in den Homo sapiens-Typ. Der fossile Report lässt zurzeit noch keine endgültige Antwort zu.

Wenden wir uns Europa zu. Es wurde von Homo ergaster (Homo heidelbergensis) zwischen 800 000 und 500 000 Jahren vom Süden her besiedelt. Aus dieser Gattung ging nach der Auffassung der meisten Forscher Homo neanderthalensis und Homo sapiens hervor. Homo heidelbergensis hat ein Alter von 500 000 Jahren. Seine Fossilien – ein Unterkiefer – wurden 1916 in Mauer bei Heidelberg gefunden. Weitere Fossilien wie der Steinheim-Schädel (300 000 Jahre), der Arago-Schädel (400 000 Jahre), dessen Gehirnvolumen schon ca. 1000 cm^3 betrug und die Boxgrove-Tibia aus England (500 000 Jahre) lassen sich als Übergangsformen entweder zu Homo neanderthalensis (Steinheim-Mensch, Boxgrove) oder Homo sapiens (Arago – Frankreich) deuten. Allerdings ist die Anzahl der Fossilien, die den Übergang von Homo heidelbergensis zu Homo sapiens nahe legen, sehr spärlich. Die Entwicklung aus Homo heidelbergensis ist damit noch nicht sicher geklärt. Homo neanderthalensis lebte zwischen 300 000 und 27 000 Jahren in Israel, Persien, am Schwarzen Meer und in Europa. Er hat gleichzeitig mit Homo sapiens existiert, starb jedoch vor etwa 25 000 Jahren aus rätselhaften Gründen aus, während Homo sapiens sich zu Homo sapiens sapiens weiterentwickelte und die gesamte Erde besiedelte.

Homo sapiens ist nach heutiger Kenntnis möglicherweise an zwei Orten entstanden: in Europa aus Homo ergaster (heidelbergensis) und in Afrika aus der dortigen Homo erectus-Form. Mehrere Fossilien beweisen die Entstehung von Homo sapiens in Afrika. Der Florisbad-Schädel aus Südafrika (260 000 Jahre) weist mit seiner Form und seinem Volumen schon eindeutige Merkmale des Übergangs zu Homo sapiens auf.
Der Schädel von Broken Hill (Sambia), mit einem Alter von 200 000 Jahren gilt mit seiner Form und seinem Gehirnvolumen von 1200 cm^3 als klassischer Vertreter des archaischen Homo sapiens in Afrika. Die Entstehung von Homo sapiens aus einer afrikanischen Form von Homo erectus wird zwischen 600 000 und 150 000 Jahren datiert. Er verbreitete sich in einer zweiten Wanderung über die Welt (Out of Africa-These). Eine kleine Gruppe erreichte über Palästina vor 40 000 Jahren Europa und existierte hier eine gewisse Zeit gleichzeitig mit Homo neanderthalensis.

Evolution des Ich – erste Zeichen
Das Meiste in diesem rätselhaften Geschehen der Menschwerdung ist unbekannt, und das Bekannte lässt auch nur die groben Konturen der Entwicklung erkennen. Dennoch wollen wir im Folgenden versuchen, in den fossilen Funden nach Spuren für die Entstehung des Ich zu suchen. Eine solche Spurensuche kann jedoch bei einer derartig komplexen Frage nur indirekte Indizien für die allmähliche Intellektualisierung der menschlichen Rasse zu Tage fördern. Dennoch gehört die Suche nach dem Beginn unserer geistigen Entwicklung ebenso zu den absoluten Forschungsnotwendigkeiten, wie die Änderung der morphologischen Kennzeichen, wollen wir den evolutiven Verlauf der Menschheitsentwicklung besser verstehen.

Das Ich, das Bewusstsein seiner eigenen Identität, offenbart sich in seinen Gedanken und planvollen Handlungen. Also müssen wir nach Hinweisen mentaler Aktivitäten suchen.

Erste Hinweise auf ein gewisses planvolles Handeln finden sich in der sogenannten Oldovan-Periode (vor 2,4 Mill. Jahren) in Ostafrika (M. Leakey). Homo habilis war in der Lage, Geröllsteine zu groben Schabern zu verarbeiten. Eine Entwicklung zu feineren Werkzeugen ließ sich jedoch nicht feststellen. Von einer Primitiv-Kultur und einem bewussten Ich zu sprechen, erscheint für diese Phase der Entwicklung noch nicht gerechtfertigt.

Die jüngere Periode ab 1,5 Mill. Jahren ist Homo erectus und Homo ergaster zuzuordnen. Erstmals finden sich in den verschiedensten Gegenden über mehr als eine Mill. Jahre immer ingeniösere Werkzeuge, wie mehr und mehr verbesserte Faustkeile, Handäxte, Messer und Schaber. Ohne Zweifel repräsentieren diese Artefakte die ersten Anzeichen einer sich allmählich entwickelnden primitiven Kultur (Levallois-Kultur). Hier wird nach dem reflexartigen tierischen Verhalten früherer Hominiden ein Handeln sichtbar, dass ohne ein planendes Bewusstsein in dieser Form nicht möglich gewesen wäre. Wir müssen davon ausgehen, dass die späten Homo erectus oder – ergaster-Arten irgendeine Form des Ich-Bewusstseins besessen haben, das sie zum Planen befähigte.

1995 wurde von Dietrich Mania unter vielen Stein- und Knochenartefakten bei einer Ausgrabung in Bilzingsleben (Thüringen) ein 410 000 Jahre alter Elefantenknochen entdeckt, auf dem 28 horizontal und quer verlaufende Schnittlinien eingraviert waren, Hinweise auf „abstraktes Denken und symbolisches Verhalten" (Mania). Zur großen Überraschung der Ausgräber fand sich in der Tiefe ein eindeutig von Menschenhand mit Hilfe von Knochen und Steinen gebildeter Kreis von ca. 6 m Durchmesser, der nach Auffassung Manias kulturellen Aktivitäten gewidmet war. Ist diese These korrekt, muss die Entwicklung eines Ich erheblich früher eingesetzt haben als bisher angenommen. Unterstrichen wird diese These durch einen weiteren überraschenden Fund in Schöningen (Thüringen). Hier konnte der Archäologe Hartmut Thieme 1995 fünf hervorragend gearbeitete, 400 00 Jahre alte Wurfspeere ausgraben, deren technische Qualität ein erhebliches Maß an intellektuellen Fähigkeiten und damit ein planendes Ich voraussetzt.

Vor etwa 100 000 Jahren besiedelte nach heutigen Kenntnissen Homo sapiens Europa. Etwa vor 60 000 Jahren erreichte das Gehirn sein heutiges Volumen. Vor 30 000 Jahren setzte dann eine kulturelle „Explosion" ein, die nur einem sich voll bewussten Ich zugeschrieben werden konnte. Die faszinierenden Höhlenmalereien in Frankreich (Lascaux) und Spanien (Altamira) der Cromagnon-Menschen legen Zeugnis ab für diesen Quantensprung menschlicher Kreativität und Intelligenz. Das Ich war auf seinem heutigen Niveau angekommen.

Entwicklung des Ich bei Homo sapiens
Allgemeines
Die menschliche Art hat seit Homo habilis eine unglaubliche geistige und körperliche Entwicklung durchgemacht, die unseren nächsten Verwandten, den Schimpansen vorenthalten blieb. Warum ist das Gehirn der Schimpansen seit 2 Mill. Jahren nur sehr gering (ca. 100 cm^3) auf ca. 600 cm^3, das menschliche Gehirn jedoch im gleichen Zeitraum von 600 auf 1500 cm^3 angestiegen? Rätsel über Rätsel! Einige Evolutionspsychologen vermuten, dass diese rasante Gehirnentwicklung eine Folge „des herausfordernden Druckes der vielen Individuen als Gegenüber" ist (Allman). Aber auch bei den Schimpansen gab es stets viele „Gegenüber", und dennoch setzten hier keine vergleichbaren Entwicklungen ein.

Eine intensiv diskutierte Möglichkeit ist die allein dem Menschen vorbehaltene Fähigkeit, Sprache mit Konsonanten und Vokalen zu bilden, da der menschliche Kehlkopf ab dem 2. Lebensjahr nach unten tritt. Diese anatomische Besonderheit findet sich nur bei Homo sapiens. Weder Homo neanderthalensis, noch die anderen Primaten machten diesen Descensus des Kehlkopfes mit, so dass diese Arten nur gewisse gutturale Konsonanten, jedoch keine Vokale hervorbringen konnten. Sprache ist das universelle Werkzeug für jede Art von Kommunikation, das entscheidende Medium, feste soziale Netze zu bilden und die für den Menschen typische höchste Kooperationsbereitschaft zu ermöglichen. Es ist sehr wahrscheinlich, dass die Fähigkeit zur Sprachbildung einem der im Ablauf der biologischen Evolution immer wieder eintretenden Quantensprünge zu verdanken ist, der dem archaischen Homo sapiens den entscheidenden Vorsprung in der Konkurrenz mit den anderen Primaten verschafft hat.

Wir Menschen sind Bürger zweier Welten. Wir sind eingebettet in die Natur mit ihren Gesetzen. Wir unterliegen der biologischen Evolution, die durch Zufall und Notwendigkeit Lebendes entgegen der Entropie (zweiter Hauptsatz der Thermodynamik) aus dem statistisch Wahrscheinlichen ins statistisch Unwahrscheinliche vorantreibt, nach Gesetzen, die wir bisher nicht verstehen. Und wir sind Kulturwesen, die sich mit Hilfe der von uns erfundenen Kultur von den Gesetzmäßigkeiten der Natur teilweise befreien konnten. Die Erschaffung dieser über die Naturgesetze hinausgehenden Kultur, die sich seit ca. 30 000 Jahren rasant über die gesamte Welt verbreitet hat, ist das Resultat der Ich-Entwicklung von Homo sapiens. Diesem Geschehen wollen wir in diesem Kapitel nachspüren (s. auch J.Illies: Kulturbiologie des Menschen).

Der Mensch als Naturwesen
In seinen frühesten Existenzperioden waren die Menschen ganz Naturwesen. Sie lebten, um überhaupt zu überleben, in Horden zusammen, angeführt von dem Stärksten. Die Normen des Zusammenlebens bestimmten allein die Naturgesetze.

Der Mensch in der Gruppe
Irgendwann im Prozess der Hominisation, wahrscheinlich in den späten Phasen von Homo ergaster am Übergang zum archaischen Homo sapiens traten die ersten Anzeichen von Kultur in Erscheinung. Wir haben einige Beispiele in den Funden von Bilzingsleben und Schöningen beschrieben, die erstmals auf planvolles, in die Zukunft gerichtetes Denken und die Fähigkeit zur Abstraktion hinwiesen.

Im Zusammenleben dieser Menschen kommt es jetzt zu einer entscheidenden Wandlung – wir befinden uns nun ganz eindeutig in der Zeit von Homo sapiens -, die die Entwicklung der Kultur in dramatischer Form vorwärtstreibt. Die „Urhorde" verändert sich zur Gruppe, deren Normen nicht mehr ausschließlich Naturgesetzlichkeiten unterliegen. Es werden durch die Gruppe neuen Normen gebildet, die für alle absolut verbindlich sind. Die Gruppe hat das Tabu und die Askese erfunden. Die neuen Normen schränken die biologischen Möglichkeiten des Einzelindividuums ein: „du darfst nicht alles, was du kannst". Folge dieser Tabus ist die Förderung des Gruppenzusammenhaltes. Übertretungen der Gruppennormen führen zu massiven Sanktionen bis hin zum Verstoßen oder zur Tötung. Nicht zur Gruppe Gehörige werden ausgegrenzt, eventuell verfolgt oder als „Unmenschen" (Barbaren) diskreditiert. Die Einzelglieder der Gruppe unterwerfen sich der Gruppennorm, verlieren zwar ihre Individualität, gewinnen jedoch durch ihr Mitläufertum Schutz und Geborgenheit in der Gruppe.

Dieser erste Schritt der Kulturentwicklung vollzog sich allmählich, über tausende von Jahren und führte nach Feststellung der vergleichenden Anthropologie (Levi-Strauss) zu einem sich in vielen Kulturen wiederfindenden Grundbestand von Regeln:
1. Heiratsgebote
2. Feste Familien- und Gruppenstrukturen
3. Kenntnis der Vaterschaft

In den vier Grundtrieben menschlichen Verhaltens (Mewes) lassen sich die Tabus, die in dieser kulturellen Stufe entstanden sind, noch heute nachweisen:

- Nahrungstrieb (Besitz): Tabuisierung von Speisen (siehe Thora)
- Bindungstrieb: Berührungsverbote, Parias u.a., Fernhalten von Frauen in „heiligen Hainen" u.a.
- Selbstbehauptungstrieb: Tötungsverbot von Tieren, Mutproben, Kasteiungen, Ertragen von Schmerzen u.a.
- Geschlechtstrieb: Schamentwicklung u.a.

Warum akzeptierten die frühen Menschen ein solches Triebkontrollsystem mit seinen Tabus und seinem Zwang zur Askese? Die Erklärung ist einfach. Die Gesetze kamen „von oben", von besonderen Lehrautoritäten, die sie als Forderung von Geistern, Göttern oder Propheten durchsetzten. Sie wurden zwar als Last empfunden, aber sie gewährten auch Schutz. Auflehnung des einzelnen Ich gegen die Gesetze der Gruppe waren in dieser ersten Kulturstufe nicht möglich. Das Ich war wie in einem Kokon vollständig von den neuen Kulturgesetzen umschlossen, die es daran hinderten, sich allein nach dem Gesetz der Natur auszuleben.

Der Mensch als Einzelwesen
Das änderte sich in der nächsten, höheren Kulturstufe. Hier erkämpfte sich das stärker werdende Ich seine Freiheit. Es wirft die Fesseln der Gruppennorm ab. Aus einer Gesellschaft der Gleichen wird allmählich eine Gesellschaft der Verschiedenen. Das Ich verfolgt mehr und mehr seine eigenen Interessen. Es will als einzelnes Ich erkennbar werden. Die ersten Funde von Schmuck weisen auf diese neue Dimension der zunehmenden Individuation hin. Das Ich sprengt den Rahmen der Gruppe und lässt deren Norm hinter sich, hinein in eine neue Freiheit. Doch diese Freiheit bedeutet weder Zügellosigkeit noch Anarchie. Das neue Ich erfindet die Tugend der eigenen sittlichen Begrenzung. Wir wollen die vier Grundtriebe kurz nach Hinweisen auf dieses Neue untersuchen:
- Nahrungstrieb: Speisen nun völlig enttabuisiert, jedoch Völlerei verpönt u.a.

- Bindungstrieb: freie Kommunikation ohne Beschränkung, keine ausgrenzenden „heiligen Haine" mehr u.a.
- Selbstbehauptungstrieb: eigene Entscheidung, Aggressivität geächtet, keine Selbstüberhöhung u.a.
- Geschlechtstrieb: komplexe Begrenzungen, Inzestverbot, Schutz Minderjähriger u.a.

Die Norm der Gruppe bedeutet: „Du darfst nicht". Die Norm des befreiten Ich lautet nun: „Ich will nicht". Dieser Ausbruch des Ich wird zu einer ungeheuren Gefahr für die Gruppe, deren Zusammenhalt gefährdet ist. Die auf den Gruppennormen beruhende Solidarität bröckelt und damit auch der Schutz für die Gruppenmitglieder. Das Ich wird in die Welt hinausgeworfen.

Mit Hilfe der Sprachforschung kann man nach Spuren der „Ich-Entwicklung" suchen. Wie Sprache überhaupt im Verlauf der menschlichen Entwicklung entstand, ist weiterhin ein ungelöstes Rätsel. Ich berufe mich im Folgenden auf J. Illies: Kulturbiologie des Menschen. Das indogermanische Wort „eghom" stellt die Wurzel aller späteren „Ich-Worte" dar. Unklar ist jedoch, ob es überhaupt mit dem Ich in Verbindung gebracht werden kann. Am Anfang der Sprache stand nach Auffassung einer Reihe von Sprachforschern der Imperativ: geh! (gehen), fac! (facere). Konjugation und Differenzierung der unterschiedlichen Personalität im heutigen Sinne gab es noch nicht. So bedeutete im Sumerischen, der ältesten bekannten Sprache, „mu-du" sowohl „ich habe gebaut, du hast gebaut oder wir haben gebaut". Ein Ich wurde noch nicht artikuliert. Erst sehr spät wurde zur Personalisierung an das Verb ein „o" für „ich" angehängt (sedeo, ... – ich sitze). Das Ich hält sich mit seiner Verbalisierung noch zurück. Die zunehmende Bedeutung des Ich in der kulturellen Entwicklung zeigt sich dann in der häufiger werdenden Voranstellung des Ich: „ego sum" und schließlich seine Überhöhung im großgeschriebenen englischen: „I", das das „myself" verdrängt. Sprache ist somit ein Chiffre für die kulturelle Entwicklung des Ich, indem sie dessen Hervortreten aus dem Dunkel der Zeit in Stufen wiedergibt. Auf seinem Weg aus dem Dunkel in das Licht des heutigen Selbstbewusstseins hat das Ich vier Bewusstseinsstufen durchgemacht (Gebser), die wir im Folgenden skizzieren:

Archaische Stufe
Irgendwann im Zusammenleben in der Urhorde vollzog sich der rätselhafte Übergang vom Tier zum Menschen. Ausschließlich das Diktat der Gene bestimmte bisher den Lebensablauf dieser damaligen Lebewesen. Der Einzelne war absolut geborgen in der Horde. Ein Bewusstsein der eigenen Einzigartigkeit war noch nicht vorhanden.

Magische Stufe
Diese nächst höhere Stufe der Ich-Entwicklung ist die Stufe der schützenden Gruppe. Das Ich erkennt sich selbst, entwickelt bewusstes Wollen und eigenes Handeln, dass sich jedoch nur im Einklang mit der Gruppennorm betätigen kann: der Schamane spricht die ersten Imperative aus. Rituale, magische Tabus und Zauberformeln beherrschen das Leben. Eine erste Suche nach der Erklärung der Welt hat begonnen. Die Sünde ist erfunden und die Unterscheidung von Gut und Böse wird allmählich im Bewusstsein des Ich verankert.

Mythische Stufe
Als neues Element kommt die Messung der Zeit hinzu. Man beobachtet die Zyklen der Gestirne und beginnt zu zählen. In der Sprache erscheint erstmals das „Ich". Der Himmel wird bevölkert mit Göttern, die Erde mit Geistern. Gut und Böse sind im Bewusstsein nun fest verankert. Das „Ich" hat sich aus der Umklammerung der Gruppe befreit und forciert die Suche nach dem Urgrund des Universums.

In dieser Phase entstehen die großen mythischen Erzählungen: Rigveda, Gilgamesch-Epos, Ilias und Odyssee und Teile des Alten Testamentes. Es ist der Sieg des menschlichen Geistes, der sich aus der Umklammerung der Naturgesetze befreit – und die Seele „ erfindet". Die Botschaft dieser Periode ist, dass das Ich über alle Widerstände siegen wird. In den Märchen und im Märchenalter der Kinder schlummern die Relikte dieser mythischen Stufe noch heute.

Mentale Stufe
500 Jahre v. Chr. vollzog sich in Griechenland in der Entwicklung unseres Ichs ein weiterer Quantensprung. Der Verstand (die Ratio) erobert die Vormacht für die Erklärung der Welt. Das Ich hat die Logik erfunden. Die Entmythologisierung des Lebens fegt den Himmel frei von Göttern und die Erde frei von Geistern. Logik und Kausalitätsdenken führen zu einem ersten Aufblühen der Naturwissenschaften, und die Existenz der Seele wird erstmals in Frage gestellt. Das Patriarchat hat endgültig die Herrschaft übernommen. Jedoch, die totale Verdiesseitigung der Welt bleibt aus. Das kleine Land Israel erkennt seinen einzigen und alleinigen Gott Jahwe und vermittelt ihn der Welt.

Wie sich das Ich in Zukunft weiterentwickeln wird, ist nicht voraussagbar. Es hat sich aus der Umklammerung der Naturgesetze, aus der Urhorde, der Gruppe mit seinen Normen und seinen verschiedenen Bewusstseinszuständen befreit. Dennoch bleibt es gefangen im Strom der sich weiter nach oben entwickelnden Evolution, deren Endpunkte für uns nicht erkennbar sind. Manche sprechen von einer integralen Stufe (Gebser, Illies), in der die rationalen Zeit- und Raumbegriffe gesprengt werden, wie es in der Physik z.T. schon geschieht (Licht gleich Welle und Teilchen). Vielleicht beendet friedliches Nebeneinander aller Kulturen in Toleranz und gegenseitiger Achtung das jahrtausendalte Entweder-oder und mündet als Sowohl-als-auch in die letzte Stufe der Reife des Ichs – die integrale Stufe. Es könnte sein, dass dann alle Widersprüchlichkeiten verschwinden.

Die ersten drei Jahre
Allgemeines
Die nachgeburtliche Entwicklung des Ich und die spätere Persönlichkeit wird aus biologischer Sicht von drei Faktoren beeinflusst durch (Roth):

- das Genom (30 000 Gene)

- Umwelteinflüsse, die auf das Gehirn von Embryo und Fötus einwirken. Dazu gehören alle Stoffe und Drogen, die über den mütterlichen Kreislauf die Blut-Hirnschranke des Ungeborenen überwinden, Gewalttaten gegenüber der Schwangeren und der gesamte Geburtsvorgang mit seinen Belastungen

- Faktoren und Erlebnisse des Neugeborenen unmittelbar bis mehrere Monate nach der Geburt, die Phase der sogenannten „Urerfahrung".

An der qualitativen Bedeutung dieser Faktoren für die Ich-Entwicklung bestehen keinerlei Zweifel. Der Streit erhitzt sich an ihrem jeweiligen quantitativen Einfluss auf die Persönlichkeitsbildung. Wir werden im folgenden Kapitel auf die unterschiedlichen Vorstellungen zu dieser Frage besonders eingehen. Untersuchungen an eineiigen Zwillingen mit bekanntermaßen identischem Genom, die zusammen in einem gleichen Milieu aufgewachsen waren, zeigten dennoch eine mehr oder weniger differente Persönlichkeitsentwicklung auf, wodurch die Einflüsse der nachgeburtlichen Periode offenbar wurden. Allerdings wiesen vergleichende Untersuchungen getrennt lebender eineiiger Zwillinge, die einem völlig anderen Milieu ausgesetzt waren, nach, dass die Umwelteinflüsse bei weitem nicht so prägend sind, wie z.B. von den Behavioristen und manchen Pädagogen vermutet wurde.

Die normale Entwicklung

Im Folgenden wollen wir uns zunächst mit der normalen Entwicklung in den ersten Jahren beschäftigen. Der Mensch besitzt in seinen anatomischen Strukturen gegenüber den Primaten eine Sonderstellung. Er stellt im Grunde eine physiologische Frühgeburt dar, da seine Embryonalzeit eigentlich 21 Monate währt: 9 Monate intrauterin, 12 Monate extrauterin in engster Bindung an die Mutter, mit der er weiterhin eine existenzielle Einheit bildet. Er kommt ohne Fell auf die Welt, besitzt im Gegensatz zu den Primaten eine völlig andere Fuß- und Handform, eine gekrümmte Wirbelsäule, eine Knickung der Kopfachse, auch tritt sein Kehlkopf im Gegensatz zu den Primaten ab Ende des 9. Monats nach unten.

Seine Sinnesorgane und deren Gehirnzentren funktionieren schon im Mutterleib, so dass der Fötus die Stimme der Mutter hört. Nach 8 Tagen schon folgen seine Augen dem Gesicht der Mutter. Ab dem 3. Monat beginnt der Säugling zu lächeln – ein erstes Zeichen einer beginnenden Ich-Du-Beziehung. Das erste Gesicht, das der Säugling in sein Gedächtnis aufnimmt, ist das Gesicht der Mutter. Im Laufe der nächsten Monate lernt der Säugling fremde Gesichter von dem der Mutter zu unterscheiden. Ab dem 4. Monat werden auch eigene Handlungen wahrgenommen. Das Ich gewinnt erste Konturen.

Zwischen dem 9. und 12. Monat registriert der Säugling neben den eigenen Handlungen auch die Handlungen und Emotionen Anderer und reagiert darauf.

Ab dem 6. Monat, parallel zum allmählichen Descensus des Kehlkopfes beginnen die ersten Sprachversuche in Form des typischen Babylallens. Mit 18 Monaten beherrscht das Kleinkind etwa 50 Worte. Von nun an steigt der Wortschatz rasant an.

Eine besonders wichtige Eigenschaft des Ichs beginnt auch in diesen ersten Jahren, die Dritte-Person-Perspektive, die wohl hervorstechendste menschliche Eigenschaft, die uneingeschränkte Kooperation erst möglich macht. Man versteht darunter die Fähigkeit, sich in die Gefühls- und Gedankenwelt eines anderen Menschen hineinversetzen zu können. Neben der früh beginnenden Entwicklung der Selbstperspektive (4. Monat) stellt sie eine der komplexesten Hirnleistungen dar, deren vollständige Ausbildung wahrscheinlich mehrere Jahre in Anspruch nimmt.

Störungen der Ich-Entwicklung
Das Ich wird nach den Vorschlägen der Persönlichkeitspsychologie (Amelang et al.) mit fünf Grundfaktoren beschrieben, die mit jeweils positiver (bestätigender) oder negativer Eigenschaft besetzt sein können:

1. Extraversion:	positiv:	gesprächig, sozial, offen u.a.
	negativ:	schüchtern, still, reserviert u.a.
2. Verträglichkeit:	positiv:	mitfühlend, nett, warm, herzlich, großzügig u.a.
	negativ:	kalt, grausam, undankbar u.a.
3. Gewissenhaftigkeit:	positiv:	planend, organisiert, zuverlässig, genau
	negativ:	unordentlich, sorglos, unzuverlässig u.a.
4. Neurotizismus:	positiv:	gespannt, launisch, reizbar, furchtsam u.a.
	negativ:	ruhig, stabil
5. Offenheit für Erfahrungen	positiv:	interessiert, intelligent, wissbegierig, erfinderisch u.a.
	negativ:	einseitig, ohne Tiefgang, desinteressiert u.a.

Sie dienen als grobe Kriterien zur Beurteilung der Ich-Entwicklung einer Person. Besondere Bedeutung kommt ihnen für die Erkennung von Fehlentwicklungen zu, deren Wurzeln häufig in negativen Einflüssen vor allem in der unmittelbaren postpartalen Phase liegen.

Im Vorhergehenden haben wir darauf hingewiesen, dass in der extrauterinen Phase der „Schwangerschaft", die etwa ein Jahr währt, Mutter und Kind weiterhin eine existentielle Einheit bilden. Störeinflüsse in dieser Phase wirken sich später besonders prekär aus. So ist seit längerem bekannt, dass eine schwierige Geburt, Drogen, exzessiver Nikotin- und Alkoholgenuss der Mutter bei solchen Individuen später häufiger zu Suiziden führen (Roth). Auch ist bekannt, dass besondere Fürsorge der Mutter in diesem ersten nachgeburtlichen Zeitraum die Ausreifung des Hippocampus - eine Gehirnstruktur, in der BDNF (brain derived neurotropic factor), ein Schutzfaktor gegen negativen Stress gebildet wird (Liu) – befördert.

Die absolute Großkatastrophe für die Ich-Entwicklung ist die völlige Trennung des Säuglings von der Mutter in den ersten Monaten. Solche Kinder entwickeln später sehr häufig schwere Persönlichkeitsstörungen, die kaum therapierbar sind. Vor allem spätere Störungen des Bindungsverhaltens im Erwachsenenalter haben ihren Ursprung in der Vernachlässigung (maternal deprivation) des Säuglings in der unmittelbaren postpartalen Phase (Grossmann und Grossmann). Bei einer vergleichenden Untersuchung von Familien- und Heimkindern in der Schweiz wiesen Heimkinder gegenüber Familienkindern einen eindeutigen Entwicklungsrückstand auf. Sie verweigerten häufiger den Kontakt und waren häufiger depressiv. Hielt der Zustand der Muttertrennung länger als 5 Monate an, war Heilung nicht mehr zu erwarten. Es entwickelte sich das typische Bild des Hospitalismus mit zurückgebliebenem Intellekt, unausgereifter Motorik und hoher Infektanfälligkeit (Spitz).
Welche Wirkung haben schädliche Einflüsse auf die Ich-Entwicklung in der frühkindlichen Periode für die spätere Sozialisation des Individuums? Christa Mewes hat sich mit diesem Problem ein Leben lang intensiv beschäftigt. Wir beziehen uns im Folgenden auf die von ihr mitgeteilten Befunde und Erfahrungen:

- Störungen des Bindungstriebes

Neugeborene im ersten Jahr bedürfen für ihre normale Entwicklung des andauernden körperlichen und emotionalen Kontaktes der Mutter.

Permanente oder regelmäßige, zeitweilige Beraubung dieses Kontaktes, wie es in Deutschland mittlerweile durch die zunehmende Unterbringung von gerade einmal vier bis fünf Monate alten Säuglingen in Kinderhorten geschieht, bergen nach allen bisher bekannten Ergebnissen der Säuglingsforschung große Risiken für eine weitere normale Entwicklung bis ins Erwachsenenalter hinein. Viele Eltern und Politiker, die diese Entwicklung aus durchsichtigen Motiven fördern, haben von den Forschungsergebnissen offensichtlich keine Notiz genommen. Noch schlimmer allerdings wäre es, wenn diese biologischen Fakten bekannt wären, jedoch wegen des sich daraus ergebenden natürlichen kindlichen Anspruches systematisch verdrängt würden. Nennen wir die Fakten:
Das erste Jahr ist die entscheidende Eingangsstufe für die spätere Kulturbildung und Kulturübernahme des Individuums. Hier wird der Boden bereitet für die weitere Ich-Entwicklung. Bei mangelhafter Befriedigung des in dieser Phase ungeheuer festen Bindungstriebes, der noch keine Loslösung toleriert, durch völlige oder zeitweilige Abwesenheit der Mutter entwickelt sich der sogenannte „Einsiedlertyp" (Mewes), der misstrauisch mit paranoiden Zügen wie ein Fremdling in der kommunikativen Welt wirkt. Er ist konstaktscheu, unfähig zu einer dauerhaften Bindung, vor allem mit dem anderen Geschlecht, zeigt wenig Solidarität, verhält sich passiv und neigt zu kriminellen Handlungen wie Betrug und Gewaltanwendung. Solche Menschen sind bei ihrer Vereinsamung besonders suchtanfällig und psychotherapeutisch kaum therapierbar.

- Störungen des Selbstbehauptungstriebes

Dieser Trieb (Aggressionstrieb) erstarkt im 2. Lebensjahr und wird zum Gegenspieler des Bindungstriebes. Die ersten kindlichen Trotzreaktionen zeigen den Beginn der allmählichen Ablösung von der Mutter und die stärkere Selbstentfaltung des Ich gegen Widerstände. Die ersten sich jetzt anbahnenden Konflikte mit Eltern und Geschwistern sind normal und notwendig für die weitere Stabilisierung des Ich, wenn sie ein gewisses Maß nicht übersteigen und sorgfältig kanalisiert werden.

Zu starke Permissivität der Eltern durch absolutes Gewährenlassen führt zu egozentrischen und egoistischen Individuen ohne Frustrationstoleranz. Ihr Verhalten ist häufig querulatorisch, anarchisch, gegen jede Ordnung gerichtet und unfähig, Autorität anzuerkennen (Egoismustyp).
Werden andererseits die kindlichen Aktionen der Ich-Entfaltung absolut unterdrückt, wird sich die sich entwickelnde kindliche Verstocktheit später häufig in Verschlagenheit, manchmal sogar mit sadistischen Tendenzen umwandeln. Ein solcher Mensch wird zum „Ordnungstyp". Er ist pingelig, gewissenhaft und fleißig, neigt zu plötzlichen Jähzornattacken und zu ausgesprochenem Kadavergehorsam. Autoritäre politische Systeme (Nationalsozialismus, Kommunismus) ziehen diesen Typus besonders an, deren Erfüllungsgehilfen sie werden (Kapos, Blockwarte).

Zusammenfassung:
Die ersten drei Jahre sind entscheidend für die normale Entfaltung des Ich. Geborgenheit von Säugling und Kleinkind durch intensive individuelle Betreuung durch die Mutter bietet die größte Gewähr für eine reibungslose Sozialisation der Persönlichkeit. Schäden und Traumata wie Trennung, Vernachlässigung oder Gewalt führen häufig zu irreversiblen Verhaltensstörungen.
Nach den neueren Forschungsergebnissen der Neurobiologie und Verhaltenspsychologie hat sich die ideologische Vorstellung, dass die Sozialisation des Kindes am besten in Gruppen mit Gleichaltrigen stattfindet, als irrig erwiesen. Dennoch fordern viele Eltern und fast die gesamte Politik weiterhin die flächendeckende Einführung von Säuglingskrippen und Kindertagesstätten für Kinder unter drei Jahren – eine Forderung, die sich über die Interessen der Kinder hinwegsetzt, indem sie diese in Bereiche abschiebt, die nachgewiesenermaßen das, was normale Eltern an individueller Erziehung zu leisten vermögen, nicht leisten können. Der Zeitgeist weht und bestimmt die gesellschaftlichen und politischen Entscheidungen in unserer Demokratie.

„Für all die Greuel, die wir unseren Kindern antun, bezahlen wir jetzt schon einen hohen Preis – in Form von wirtschaftlicher Ineffektivität,

Mangel an Fachkenntnis, hohen Kosten für medizinische Versorgung, ständig steigenden Kosten für Strafvollzug und mit einem schon ziemlich beschädigten Sozialgefüge" (Bruce Mc Ewen – Präsident der Carnegie-Corporation).

Das Ich und die Steuerung unseres Verhaltens

Wie wir oben beschrieben haben, empfindet unser Ich sich auch als Steuermann unseres Verhaltens. Wir gehen davon aus, dass menschliches Verhalten überwiegend innengesteuert abläuft und dass es dem freien Willen unseres Ichs unterworfen ist. Die modernen Theorien der Verhaltenssteuerung, die weiterhin breite Beachtung genießen, entwickelten z.T. gänzlich andere Vorstellungen, z.B. die Vorstellung von der reinen Außensteuerung. Mit diesen Vorstellungen werden wir uns in Anlehnung an Roth im Folgenden beschäftigen.

Psychoanalyse – Sigmund Freud
Die Lehre Freuds ist nicht einfach zu fassen, da sie große Sprünge und Brüche aufweist – ein Faktum, das vielleicht erklärt, warum seine Thesen heute noch mit unverminderter Heftigkeit diskutiert werden. Auch muss man sich vor Augen halten, dass zu Freuds Lebenszeit – er starb 1939 - die Neurobiologie noch in den Kinderschuhen steckte. Die neue Doktrin der Neuronennetzwerke, die Kenntnis der Synapsen-Funktion und die gesamte Neurochemie mit ihren Transmittern und Neuropeptiden waren noch unbekannt und wurden erst nach Freuds Tod neurobiologisches Allgemeinwissen. Vor 1920 entwickelte Freud ein Grundschema der menschlichen Psyche, das sich in drei Bereiche gliederte: das Unbewusste, Vorbewusste und Bewusste.

Die Sphäre des Unbewussten, der Ort des alles beherrschenden Sexualtriebes, dominiert das Bewusste. In ihm lassen sich wiederum drei Schichten unterscheiden:
Die überindividuelle Schicht, die tiefste Stufe, auf die möglicherweise mythische Ereignisse hinweisen. Zu ihr gehört der Vater/Sohn-

Konflikt, der mythologisch zur Ermordung des Vaters führt (Zeus tötet Kronos) sowie der bekannte Ödipus-Konflikt, das inzestöse Begehren der Mutter durch den Sohn.
Die zweite Schicht stellt die frühkindliche Sexualität dar, den Penisneid der Mädchen oder das phantasierte oder reale Erleiden von sexuellem Missbrauch durch Erwachsene. Die beiden ersten Schichten werden durch die infantile Amnesie (den frühkindlichen Gedächtnisverlust) gegen das Bewusstsein abgeschirmt.
Die dritte unbewusste Schicht wird durch sexuelle Handlungen während der Pubertät und durch nichtlibidinöse frühkindliche Erfahrungen und Verletzungen besetzt. Die in den drei Schichten des Unbewussten gespeicherte starke Triebenergie hat nun die Tendenz, über das Vorbewusste ins Bewusstsein vorzudringen, wird jedoch durch einen Zensor, eine starke Kraft, daran gehindert (Verdrängung). Dennoch kann gelegentlich Unbewusstes in Form von Träumen oder von Versprechern hervortreten. Träume deutete Freud als eine verschlüsselte Rückkehr ins Unbewusste, als eine Ersatzerfüllung von Trieben, die durch den Zensor, die verdrängende Kraft verändert wird. Besonders starke Antriebe aus dem Unbewussten oder traumatische Ereignisse können zu seelischen Erfahrungen führen, die durch Psychoanalyse bewusstgemacht werden können.

Unter dem Bewussten ist die Wahrnehmung aller äußeren Ereignisse und aller Empfindungen wie Lust und Unlust zu verstehen, sozusagen der nach außen gerichtete Sensor des seelischen Apparates. Dieser Sensor kann nur die Außenwelt wahrnehmen, das Innere, das Unbewusste ist ihm nicht zugänglich. Die Person weiß somit nicht, was in ihrem Unbewussten vor sich geht. Hier soll die Psychoanalyse die Widerstände, die Zensoren zwischen Unbewusstem und Vorbewusstem sowie zwischen Vorbewusstem und Bewusstsein überwinden, um die krankmachenden Antriebe des Unbewussten aufzudecken und abzuschwächen.

Das Vorbewusste gehört zum Bewusstsein und ist vom Unbewussten durch den Zensor streng getrennt. Es ist im Gegensatz zum Unbewussten mit dem Bewusstsein durch die Sprache verbunden und beinhaltet im Prinzip alles, was dem Bewusstsein zugänglich, aber nicht stets bewusst ist wie Erinnerungen, Wissen usw. Auch zwischen Vorbewusstem und Bewusstem wirkt ein abschirmender, jedoch schwacher Zensor.

Nach 1923 modifiziert Freud die Schichtung des seelischen Apparates. Er geht über die Propagierung eines einzigen Triebes, des Sexualtriebes hinaus und nennt zwei weitere Triebe des Unbewussten, den Lebenstrieb (Eros) sowie den Todestrieb (Thanatos). Die Schichtung des Seelischen wird jetzt zum Es, zum Ich und zum Über-Ich.

Unter dem Es ist der große Triebpool der Persönlichkeit zu verstehen, wobei der Lebenstrieb Neues schaffen, der Todestrieb jedoch in frühere nicht biotische Zeiten zurück will. Diese Triebe weisen eine auseinanderstrebende Tendenz auf, die zu Konflikten im Unbewussten führen kann. Triebe werden ganz allgemein als allem Leben innewohnender Drang zur Herstellung eines früheren Zustandes angesehen und wirken im Es daher chaotisch, unstrukturiert. Sie treiben nach Erfüllung ohne Berücksichtigung der Realität. Diese wird vertreten durch das Ich, das tief in das Es hineinreicht. Es organisiert die Abwehr gegen die Forderung des Es, ist sozusagen sein Kontrollorgan, das das Luststreben des Es bremst. Vieles im Ich läuft unbewusst ab, so dass das Ich ebenfalls Zielorgan der Psychotherapie ist.

Die dritte Instanz des psychischen Apparates stellt das Über-Ich dar, das mit dem Gewissen identisch ist. Es ist auch als Richter, als Kontrolleur des Ichs zu deuten. Es entstammt nach Freud dem Untergang des Ödipus-Komplexes und der Mordphantasien gegen den Vater im Rahmen der kindlichen Entwicklung. Es wird modifiziert und ergänzt durch soziale und kulturelle Forderungen wie Moral und Ethik. Es wird damit Träger der Tradition der Generationen. Mit ihm tritt das kategorische „Du sollst, Du darfst nicht" die Herrschaft an. Es ist bewusst, hat aber keinen Zugang zum Unbewussten.

Beide Konzepte des Psychischen (vor 1920, nach 1923) haben eines gemeinsam: alle seelischen Vorgänge streben nur einem Ziel zu, der

Verminderung übermäßiger Erregung und Spannung, die entweder von außen als erregende Wahrnehmung eindringt oder innen triebgesteuert entsteht. Erregung und Spannung werden als Unlust empfunden und drängen nach Erlösung und Entspannung, ein Zustand, den Freud mit „Lust" bezeichnet.

Ob die Freudschen Theorien zum Aufbau der Psyche den neuen Erkenntnissen der Neurobiologie standhalten können, ist eine zurzeit offene Frage. In einem kritischen Vergleich kommt G. Roth zu dem Schluss, dass eine Reihe Freudscher Grundaussagen durchaus mit den neuen neurobiologischen Forschungsergebnissen vereinbar sind. Auch ist die Annahme, dass das menschliche Verhalten wie bei den Tieren überwiegend von innen heraus gesteuert wird, mit den neuen neurobiologischen Befunden kompatibel.
Dennoch ist Skepsis angebracht, da Aussagen der Freudschen Thesen allein der Introspektion entstammen und objektiv bisher nicht abgesichert werden konnten. Wechsel und Modifikation der Konzepte vor 1920 und nach 1923, die nicht einfach logischen Weiterentwicklungen entsprechen, machen das Problem ihrer Verifikation nicht einfacher.

Zur evolutiven Entwicklung des Ich und zu seiner Entwicklung während der menschlichen Reifung finden sich bei Freud wenige Informationen. Allerdings kann man davon ausgehen, dass auch für Freud das Unbewusste, der dominierende Anteil des Ichs in der Ontogenese sehr früh und damit auf einer frühen Stufe der Evolution des Gehirns entstanden ist. Dieser Annahme kann auch die moderne Neurobiologie beipflichten.

Zusammenfassung
Der psychische Apparat gliedert sich in drei Kompartimente, wobei der ontologisch älteste Teil, das Unbewusste (später das Es) die Dominanz über das Vorbewusste und Bewusste (zum Teil das Ich und das Über-Ich), die jedoch durch die Zensoren getrennt sind, besitzt. Unbewusstes oder Es bilden den Triebpool, dessen Triebe Minderung von Erregung, Entspannung und Befriedigung anstreben. Daran werden sie in einem oszillierenden Konflikt durch das Vorbewusste, spä-

ter das Ich oder durch das Bewusste bzw. Über-Ich kontrolliert, eventuell gehindert.
Starke Erregungen oder seelische Traumata des Unbewussten oder Es können sich über Träume, Psychosen und Neurosen ins Bewusstsein drängen und auf das Ungleichgewicht in diesem Kompartiment hinweisen. Menschliches Verhalten wird somit überwiegend von innen gesteuert. Nur das Verhalten, dass aus dem Über-Ich erwächst, hat über die kulturelle Prägung des Über-Ichs auch externe Wurzeln.

Behaviorismus
Der moderne Behaviorismus wendete sich vor allem gegen die Theorie, dass Tiere in ihrem Verhalten fast ausschließlich von evolutiv angelegten Trieben und Instinkten gesteuert werden. Es wurde daher nach den bisher überwiegend spekulativen Vorstellungen dieser Theorie die Forderung nach naturwissenschaftlicher Untersuchung von tierischem und menschlichem Verhalten laut, die der amerikanische Psychologe E. Thorndike erstmals in die Tat umsetzte.
Er experimentierte mit Katzen, die lernten, einen Käfig zu öffnen, wenn sie eine Belohnung (Futter) erhielten. Dieses neue Verhalten war in dem Tier nicht angelegt, entsprach also weder einer Triebhandlung, noch einem angeborenen Instinkt. Die Verhaltensänderung geschah allmählich und wurde von Thorndike „instrumentelle Konditionierung" (Verstärkungslernen) genannt.

Diese Art von Lernen ist jedoch streng zu trennen vom Lerntyp bei der „klassischen Konditionierung" (Pawlow). Hierbei wird der unbedingt angelegte Reflex des Speichelflusses eines Hundes beim Anblick von Futter schließlich nach mehrfacher Paarung von Futter mit einem Glockenzeichen allein durch das Glockenzeichen ausgelöst (neuer bedingter, erworbener Reflex).
In beiden Fällen ändert sich das Verhalten der Tiere von „außen" durch äußere Reize. Im Fall der Katze entsteht etwas gänzlich Neues, im Fall des Pawlowschen Hundes wird ein angeborener Reflex modifiziert und ergänzt.

Die alleinige Außensteuerung von Lebewesen aufgrund von externen Reizen, die eine Reaktion hervorrufen, wurde zum Grundprinzip des Behaviorismus. J.B. Watson, der eigentliche Begründer des Behaviorismus, lehnte jegliche interne Steuerung von Verhalten durch kognitive Begriffe wie Bewusstsein oder Reflexion ab. Diese kognitiven Fähigkeiten sind ohne Einfluss auf das Verhalten von Lebewesen. Als alleiniger Motor von tierischem und menschlichem Verhalten ist die Beziehung zwischen Außenreiz und Reaktion mit der sich daraus ergebenden Ausbildung von neuen Gewohnheiten (habits) entscheidend. Worte z.B. sind nach Auffassung Watsons nichts Anderes als „linguistische Reaktionen" auf Außenreize.

Die zugrunde liegende „klassische" und „instrumentelle" Konditionierung von tierischem und menschlichem Verhalten wird jedoch nicht durch Belohnung, sondern durch Intensität und Frequenz der Reiz/Reaktions-Interaktion bestimmt. Auch menschliches Verhalten ist somit in all seinen Facetten von außen gezielt veränderbar.

Diese These des Behaviorismus, einer von außen uneingeschränkten Manipulier- und Programmierbarkeit menschlichen Verhaltens beinhaltet große politische Brisanz. Totalitäre Systeme, wie der dialektische Materialismus oder der Nationalsozialismus machten sich diese Doktrin zu eigen und propagierten den „neuen Menschen", der seine egoistischen Ziele aufgegeben habe und nur nach den ihm von außen vermittelten Regeln der totalitären Gesellschaft lebte. Chomsky nannte diesen Menschen „den Wunschtraum eines totalitären Politikers". Träume werden jedoch selten zur Realität, und so scheiterte dieses bisher größte Manipulationsexperiment an den nüchternen Fakten biologischer Gesetzmäßigkeiten.

Wenn die Thesen der Behavioristen von der ausschließlichen Außensteuerung menschlichen Verhaltens heute durch die neuen Erkenntnisse der Neurobiologie und Neuropsychologie auch widerlegt sind, kann Außensteuerung bei bestimmten Bewusstseinslagen durchaus großen Einfluss auf menschliches Verhalten haben. Islamistischer Terror bis hin zur Verleugnung des eigenen Überlebenstriebes durch Selbstmordattentäter zeigen die verheerende Wirkung menschlicher Verhaltensmanipulation unter bestimmten Bewusstseinszuständen.

Die Weiterentwicklung des Behaviorismus geht auf B.F. Skinner zurück, der die experimentelle Forschung tierischen Verhaltens erheblich verfeinerte. Nach seinem Credo wird auch das menschliche Verhalten durch positives (Belohnung) und negatives (Vermeiden eines negativen Zustandes) Verstärkungslernen, d.h. über die Konsequenz von Verhalten gesteuert. Aber auch bei Skinner wird tierisches und menschliches Verhalten ausschließlich von äußeren Reizen bewirkt. Eine Verhalten auslösende Funktion innerer unbewusster oder bewusster Zustände lehnt er gleichermaßen wie die orthodoxen Behavioristen ab. Er vertritt die Auffassung, dass man bei genauer Kenntnis der Gesetzmäßigkeiten menschliches Verhalten vollständig kontrollieren kann. Lebewesen sind von außen determiniert und determinierbar – eine Vorstellung, die von der völligen Unfreiheit des Ichs ausgeht. Es folgt daraus die absolute Erziehungsmöglichkeit (härter ausgedrückt: Manipulierbarkeit) von Menschen zu jedem möglichen Verhalten, wie es von Aldous Huxley in seinem Buch „Schöne neue Welt" geschildert wurde. Manche Psychologen, Pädagogen und Politiker haben sich diese These begierig zu eigen und zur ideologischen Grundlage ihres Handelns gemacht, bis diese von der „kognitiven Wende" der Neurobiologie und der Neuropsychologie endgültig falsifiziert wurde (G. Roth).

Der entscheidende Fehler Skinners und anderer Behavioristen lag in dem irrigen Schluss, die Ergebnisse der Experimente mit einzelnen Tierarten als repräsentativ für alle Tierspezies und den Menschen zu interpretieren. Es stellte sich nämlich sehr schnell heraus, dass sich manche Tiere als lernfähig erwiesen, andere jedoch nicht (Mc Farland). Sehr schnell wurde klar, dass hier angeborene Verhaltensweisen das Lernen verhinderten. Die Reduktion von Verhalten auf eine reine externe Reiz/Reaktionsbeziehung war somit nicht mehr haltbar und die „kognitive Wende", die Erkenntnis auch interner Verhaltenssteuerung gab dem Behaviorismus schließlich den Todesstoß.

Zusammenfassung
Der Behaviorismus geht von der These aus, tierisches und menschliches Verhalten werde allein durch äußere Reize gesteuert. Mentale und kognitive, interne Prozesse haben keinen Einfluss auf das Verhal-

ten von Lebewesen. „Instrumentelle" und „klassische" Konditionierung geschehen entweder durch Belohnung oder durch Häufigkeit und Stärke des externen Reizes. Als Konsequenz ergibt sich absolute Erziehbarkeit und bei Kenntnis der Gesetzmäßigkeiten totale Voraussagbarkeit von menschlichem Verhalten. Lebewesen sind von extern determiniert. Sie sind lernende Automaten. Das Ich hat keine Willens- und Handlungsfreiheit.

Vergleichende Verhaltensforschung – Konrad Lorenz
Die vergleichende Verhaltensforschung wurde in den 70iger Jahren von Konrad Lorenz und Schülern wie Irenäus Eibl-Eibelsfeld äußerst populär gemacht. Das Buch des Nobelpreisträgers Lorenz „Das sogenannte Böse – Die Naturgeschichte der Aggression" wurde ein vielbeachteter und kommentierter Bestseller. Lorenz wurde einer der Protagonisten der Instinktlehre. Deren Grundaussage besteht darin, dass tierisches und menschliches Verhalten von innen heraus durch evolutionär erworbene Instinkte (Antriebe) gesteuert werden.

Aus der Philosophie von Platon, Aristoteles und den Peripatetikern entwickelte sich das im Mittelalter führende dualistische Weltbild der fundamentalen Unterschiede zwischen Tier und Mensch. Der Mensch hat eine unsterbliche, immaterielle Seele, Vernunft und Geist; beides geht den Tieren ab. Das Tier dagegen ist ausschließlich von Instinkten (Trieben) beherrscht, die von „höchster Zweckmäßigkeit" sind und das Tier in seinem Lebenslauf lenken. Das Tier lenkt nicht, es wird gelenkt.
Diesem dualistischen Weltbild stand jedoch immer auch schon ein monistisches Weltbild gegenüber, das von antiken Philosophen wie Demokrit und Epikur und in neuerer Zeit von David Hume vertreten wurde. Danach zeigt auch der Mensch Instinktverhalten, z.B. in seinen vielen Automatismen, die ohne jegliches Bewusstsein ablaufen.

Die Verhaltenstheorie der Innensteuerung von Lorenz, Tinbergen und ihren Schülern läuft den Aussagen des Behaviorismus somit diametral entgegen. Instinkthandlungen sind in ihrer Form absolut konstant und werden stereotyp ausgeführt, allerdings entsprechend der unterschied-

lichen inneren Spannung unterschiedlich intensiv. Sie können durch Außenreize nicht verändert werden.
Die Auslösung der Instinkthandlung erfolgt nach dem „psychohydraulischen Modell" (Lorenz) folgendermaßen: Instinkthandlungen werden von einer spezifischen Energie angetrieben, die in bestimmten Nervenzentren produziert wird. Die Energie wird dabei in der „Endhandlung" verbraucht (ähnlich dem Freudschen Konzept der Entspannung). Eine neue Handlung ist erst wieder möglich, wenn neue aktionsspezifische Energie aufgebaut ist und einen bestimmten Schwellenwert erreicht hat. Die Auslösung der Handlung erfolgt allerdings erst dann, wenn ein angeborener Auslösemechanismus durch eine spezifische Auslösesituation (Schlüsselreiz) ausgelöst wird. Dabei hat jede Instinkthandlung ihren eigenen Auslösemechanismus. Der kann sehr einfach sein, z.B. ein an einer bestimmten Stelle lokalisierter Fleck. So können auch bestimmte Bewegungen oder Attrappen zu Schlüsselreizen werden. Eine Instinkthandlung beruht somit auf zwei Komponenten, aus dem Vorhandensein einer ausreichenden aktionsspezifischen Energie sowie der Betätigung des angeborenen Auslösemechanismus durch einen Schlüsselreiz. Lorenz nennt dieses Grundprinzip „das Prinzip der doppelten Quantifizierung", wobei sich beide Faktoren für die Auslösung der Handlung durchaus gegenseitig ergänzen können.
Ist die Energie hoch und der Reizwert des Schlüsselreizes niedrig, kann die Instinkthandlung dennoch ablaufen. Umgekehrt kann das ebenfalls geschehen, wenn die aktionsspezifische Energie niedrig, der Reizwert des Schlüsselreizes jedoch hoch ist. Im Extremfall sind bei sehr hoher Energie sogar ohne Schlüsselreiz sogenannte „Leerlaufreaktionen" möglich (Instinkthandlungen ohne Schlüsselreiz).

In seinem Buch „Das sogenannte Böse" überträgt Lorenz diese Theorien auf den Menschen, der ebenfalls in vielen seiner Handlungen von evolutionär erworbenen Instinkten geleitet wird. Diese wiederum können durch Rationalität und Ethik in ihrer Ausprägung nur gemildert werden.
Aggressivität, zum Überleben absolut notwendig, ist ein solcher Reflex bei dem aggressionsspezifische Energie produziert, aufgestaut

und durch einen Schlüsselreiz ausgelöst werden kann. Es ist wichtig, die aggressive Energie freizulassen, da sonst bei ihrem Aufstau auch ohne Schlüsselreiz eine Leerlaufreaktion auftreten und zerstörerisch wirken kann. Aberziehung der Aggression würde zum Verlust jeden Fortschrittes im Sport, in der Wissenschaft, aber auch in der Liebe und in der Freundschaft führen, da alle von der gleichen Energie angetrieben werden, das letztendlich Tröstliche der Lorenz'schen Botschaft.

Die Lorenz'schen Thesen sind heute mit den meisten wissenschaftlichen Erkenntnissen nicht mehr vereinbar – vor allem nicht das Konzept des Triebstaus bei Instinkthandlungen. Auch konnte die Leerlaufreaktion experimentell bisher nie bewiesen werden.

Zusammenfassung
Konrad Lorenz und seine Schüler gehen von einem von innen gesteuerten Verhalten aller Lebewesen aufgrund von evolutionär entstandenen Instinkten aus. Instinkte werden auch beim Menschen von einer instinktspezifischen Energie (Beispiel: aggressionsspezifische Energie) gesteuert, die produziert wird und mehr und mehr zunimmt (sich aufstaut). Schlüsselreize lösen die Entladung dieser Energie in einer spezifischen Auslösereaktion aus. Entscheidend ist das Erreichen einer spezifischen Schwellensumme von instinktspezifischer Energie und Höhe des Schlüsselreizes. Ist diese Schwelle erreicht, kann allein durch ein besonders hohes Energieniveau der Auslösemechanismus auch ohne Schlüsselreiz (Leerlaufreaktion) ablaufen. Das Ich ist in seinen Handlungen somit durch die naturgesetzlichen Gegebenheiten determiniert.

Soziobiologie - Verhaltensökologie
Die Disziplinen von Soziobiologie und Verhaltensökologie entstanden erst in den 70iger Jahren des vorigen Jahrhunderts (Wilson, Dawkins u.a.). Ihre Hauptaussage besteht darin, dass die biologische Evolution durch zunehmende Selektion von Genen vorwärtsgetrieben wird. Egoistische Gene kämpfen permanent ums Überleben, um Vermehrung und Verbesserung ihrer Lebensbedingungen („Genegoismus" nach Dawkins). Sie suchen sich schon sehr früh in der Evolution ihre Überlebensmaschinen (Pflanzen, Tiere und Menschen), die ihnen Nahrung beschaffen und sie befähigen, immer neue ökologische Lücken zu finden.
Die Erscheinungen (Phänotypen) von Lebewesen weisen eine ungeheure Vielfalt auf. Dabei hat jede Eigenschaft eines Phänotyps einen eindeutigen evolutionsbedingten Zweck (Verhaltensökologie). Diese Behauptung hat sich als nicht richtig erwiesen: mittlerweile sind eine ganze Reihe neutraler, sogar negativer und damit zweckfreier Eigenschaften bei den verschiedensten Lebewesen bekannt geworden, die die oben dargestellte These der Soziobiologie widerlegen. So ist z.B. der Vorteil des Vogelgesangs nicht gefunden worden; Vogelgesang kann sogar kontraproduktiv für die Genreproduktion sein, da Feinde angelockt werden. Verhaltensökologen schreiben diese Tatsachen al-

lerdings unserer abgrundtiefen Unkenntnis zu (Alcock). Gene tun alles, um zu überleben. Der gesamte Organismus eines Lebewesens hat nur einen Zweck, das Überleben und die Reproduktion der Gene zu gewährleisten (Dawkins).

Auch dem menschlichen Verhalten mit seiner gesamten Kultur liegt dieser evolutionäre Endzweck der Genreproduktion zugrunde, auch wenn wir uns dessen nicht bewusst sind. Motor dieser Entwicklung ist allein der natürliche Selektionsdruck. Ähnlich wie bei Lorenz wird nach der These der Soziobiologie somit Verhalten fast ausschließlich von angeborenen Mechanismen gesteuert. Die Strategie ist dabei langfristig angelegt. Kurzfristig kann menschliches Verhalten durchaus vorübergehend dem langfristigen Ziel entgegengerichtet sein. Entscheidend ist die Kosten-Nutzen-Analyse für langfristig optimales Verhalten.

Ein besonders eklatantes Beispiel für die Fragwürdigkeit der rein biologischen Thesen der Soziobiologen ist die rätselhafte Frage nach der Evolution altruistischen Verhaltens von Tieren, die sich gegenseitig helfen. Hier ist bis heute kein eindeutiges evolutionäres Ziel zu erkennen, da der immer wieder angegebene Gruppenvorteil von „Betrügern" mit „betrügerischen Genen" ausgenutzt wird, die sich dann mit ihren Genen durchsetzen (Roth).

Wo positioniert sich in diesem gnadenlosen Diktat der Gene das selbstbewusste Ich? Es hat keine Freiheiten mehr. Es ist als Werkzeug der Gene ohne eigene Entscheidungskraft, eingebunden in die Verfolgung des einzigen Zieles, die Gene zu erhalten und zu reproduzieren. Das Ich ist vollkommen determiniert.

Zusammenfassung
Soziobiologie und Verhaltensökologie propagieren als Motoren von tierischem und menschlichem Verhalten die absolute Dominanz der Gene, deren Ziel es ist zu überleben und sich zu reproduzieren. Durch die biologische Evolution erfolgt die Selektion von Genen nach dem Prinzip des „trial and error". Das Ich der Soziobiologie ist als Werkzeug dem Diktat der Gene unterworfen und damit determiniert. Es hat keine eigene Entscheidungsfreiheit.

Soziologismus
In den modernen Sozialwissenschaften hat die Auffassung weite Verbreitung gefunden, dass das Ich mit seinem Fühlen, Denken und Handeln ausschließlich extern durch die jeweiligen gesellschaftlichen Bedingungen entstanden ist. Externe gesellschaftliche Prägung als Motor allen menschlichen Verhaltens hat somit in dieser Wissenschaft die Herrschaft übernommen. „Der Mensch ist ein gesellschaftliches Wesen, er ist nur das, was die Gesellschaft aus ihm macht" (Durkheim). Dieser Soziologismus, der z.B. die Aggression als eine allein gesellschaftlich vermittelte menschliche Eigenschaft bezeichnet, ist zutiefst antiindividualistisch und widerspricht den neueren neurobiologischen Erkenntnissen, dass nämlich die gesellschaftliche Natur des Menschen nur aus seiner biologischen Natur entstehen und verstanden werden kann. Die Formung des Menschen besteht nach den neurobiologischen Forschungsergebnissen jedoch zum weitaus größeren Teil aus genetischer Veranlagung und frühkindlichen Lernprozessen, so dass das gesellschaftliche Umfeld nur eine untergeordnete Rolle bei der späteren Entwicklung zum Erwachsenen bildet.
Auch diese Lehre von der ausschließlichen externen Formung des Menschen und seines Verhaltens durch die jeweiligen gesellschaftlichen Bedingungen wurde zum Credo bestimmter politischer Richtungen, besonders am linken Spektrum.

Zusammenfassung
Der Soziologismus geht davon aus, dass menschliche Entwicklung und menschliches Verhalten ausschließlich durch die herrschenden gesellschaftlichen Gegebenheiten gesteuert werden. Verhaltensarten wie z.B. Aggression sind nicht evolutionär angelegt, sondern entstehen aufgrund von Prägung durch die jeweiligen gesellschaftlichen Grundgegebenheiten. Dass das Ich seine Entscheidungen aufgrund angeborener natürlicher biologischer Funktionen trifft, wird vom Soziologismus weitgehend abgelehnt. Ein freier Wille wird dem Menschen nicht zugestanden.

Zusammenfassende Betrachtung
Alle fünf Theorien stellen das traditionelle abendländische Weltbild absolut infrage. Ein bewusstes Ich, das selbst entscheidet, kommt in ihnen nicht mehr vor. Allein bei Freud wird dem Ich eine gewisse Teilautonomie gegenüber dem Es zugestanden. Aber auch hier wird es hin und her gerissen zwischen Es und Über-Ich. In keiner der Theorien kennt das Ich die Gründe für sein Verhalten. Solches Wissen ist auch nicht erforderlich, da die Umwelteinflüsse (Behaviorismus), die gesellschaftlichen Einflüsse (Soziologismus), die Instinktautomatismen (Lorenz) oder die Gene (Soziobiologismus) die Überlebens- und Reproduktionsarbeit leisten.

Neurobiologie und Verhaltenssteuerung

Die neurobiologischen Erkenntnisse der beiden letzten Dekaden zum menschlichen Verhalten haben die oben beschriebenen Theorien der Verhaltenssteuerung als falsch entlarvt. Allein den Freudschen Theorien ist in der neurobiologischen Diskussion ein gewisser Bestand geblieben. Die neuen neurobiologischen Forschungsergebnisse konnten die überwiegende Innensteuerung menschlichen Verhaltens eindeutig belegen („kognitive Wende" – G. Roth). Wir wollen uns im Folgenden einen groben Überblick über die wichtigsten Grundprinzipien verschaffen. Verhaltenssteuerung geschieht durch (Roth):

- Gefühle
- Handlung als Folge von Motivation und Planung
- Bewertung
- Lernen und frühkindliche Prägung

Gefühle
Emotionen sind besondere innere, häufig mit physiologischen körperlichen, auch vegetativen Reaktionen gepaarte Wahrnehmungen. Fast immer verbinden sie sich mit etwas Wünschenswertem oder zu Vermeidendem. Motivation, Planung und Handlung werden von ihnen direkt beeinflusst, wie wir noch sehen werden.
Allen Säugetieren steht eine Grundausstattung elementarer Gefühle zur Verfügung wie:
- Hunger, Durst
- Wachheit, Müdigkeit
- Frieren, Schwitzen
- Sexualtrieb
- Aggression, Wut
- Schmerz
- Geborgenheit, Verlassenheit

Diese können allerdings durch Lernen modifiziert werden. Sie dienen in erster Linie dem Schutz und dem Überleben des Lebewesens und der Art.
Beim Menschen kommen grundlegende, längerfristige, affektive Zustände wie Verliebtsein, Glück, Trauer, Ekel, Furcht, Scham, Eifersucht, Neugierde, Verachtung, Hass, Liebe, Zufriedenheit u.a. hinzu. Sie finden sich in allen Kulturen und lenken im besonderen Maße unser Verhalten. Gefühle entstehen durch bewusste und unbewusste Reize. Bei neuen oder besonders intensiven Reizen können auch die ausgelösten Affekte neu und intensiv sein. Häufige Wiederholungen von gleichen Reizen führen zu einer allmählichen Abstumpfung der Gefühle bis hin zu völliger Teilnahmslosigkeit. Dieses Phänomen ist uns allen bekannt, wenn wir mit sich wiederholenden Schreckensnachrichten aus Katastrophengebieten konfrontiert werden.
Zu den besonders starken Gefühlen gehören Stress, Schmerz, Furcht, Angst, Aggression, Lust und Verliebtheit. Welche neurologischen Prozesse dem zugrunde liegen, wollen wir am Beispiel von Aggression und Verliebtheit später näher darstellen. Gefühle und Affekte entstammen einem komplexen System von Kerngebieten, dem sog. limbischen System, das überwiegend im Zwischen- und Mittelhirn, aber

auch in Teilen der Rinde lokalisiert ist. Reizung bestimmter Zentren in diesem Bereich führt z.b. zu heftigen Wut- und Aggressionsreaktionen. Diese werden durch spezifische Neurotransmitter vermittelt, auf die wir ebenfalls später eingehen werden.
Auf die detaillierte Beschreibung des limbischen Systems müssen wir in diesem Rahmen verzichten. Es sei auf die entsprechenden Kapitel in dem Buch von G. Roth „Fühlen, Denken, Handeln. Wie das Gehirn unser Verhalten steuert" hingewiesen.

Aggression
Die Diskussion über die Ursachen der menschlichen Aggression schwankt zwischen „angeboren"(Soziobiologie, K. Lorenz) und „völlig gesellschaftlich bedingt" (Soziologismus). Entsprechend leidenschaftlich tobt die Auseinandersetzung über die möglichen Maßnahmen zur Eindämmung menschlicher Gewalt. Auch hier schwanken die Vorschläge zwischen Liebe (Ethik) und Bekämpfung der Armut (Sozialpolitik) bis hin zu einer völligen Umwandlung der gesellschaftlichen Verhältnisse (Sozialismus). Aggression kommt in der gesamten Tierwelt, vor allem aber bei den Säugetieren vor. Auslösende Reize sind die Erhaltung von körperlicher Unversehrtheit und Besitz (reaktive Gewalt) sowie der Kampf um Ressourcen, soziale Stellung und um Macht und Dominanz in der Gruppe (aktive Gewalt). Bei Mensch und Schimpansen kommt als zusätzlicher auslösender Faktor die Planung von Lustgewinn hinzu. Eine solche „instrumentelle" Aggression, die auf der Erfahrung beruht, dass sich bestimmte Ziele besser mit Hilfe von Gewalt durchsetzen lassen, findet sich in der Tat nur bei diesen beiden Arten (Paul, Wrangham et al.).
Körperliche Gewalt wird überwiegend von Männern verübt. Einige Zahlen für das Jahr 1997 verdeutlichen das (Statistik der Bundesrepublik Deutschland 1999):

Morde:	Männer:	734
	Frauen:	70
Schwere Körperverletzung:	Männer:	16338
	Frauen:	1255
Sexueller Missbrauch von Kindern:	Männer:	2179
	Frauen:	28

Männliche Tötungen entspringen häufiger dem Affekt, während Frauen Tötungen häufiger planen. Zwischen männlicher Aggressivität und dem Sexualhormon Testosteron, dass auch als Neurotransmitter im limbischen System wirkt, besteht ohne Zweifel ein Zusammenhang, der in einer Reihe von Untersuchungen immer wieder bestätigt wurde (Volavka et al.). Bei Frauen allerdings führt Testosteron nur zu einer höheren Sexual-, nicht jedoch zu verstärkter Gewaltbereitschaft.

Erhöhte männliche Aggressivität scheint jedoch auch Folge eines verminderten Serotoninspiegels zu sein. So fand man bei Gewalttätern einen erniedrigten Spiegel von 5-Hydroxyindolessigsäure, dem Abbauprodukt des Serotonins. Serotonin wirkt ebenfalls als wichtiger Neurotransmitter auf bestimmte Zentren des limbischen Systems. Es übt hier einen dämpfenden Einfluss aus, sozusagen ein Transmitter des Ausgleichs, der Zufriedenheit, so dass Gefühle der Bedrohung, häufiger die Auslöser von Gewalt, unterdrückt werden.

Verliebtsein
Dem Verliebtsein als menschliche Verhaltensweise werden in vielen Kulturen krankhafte Grundzüge zugeschrieben. In der Tat verursacht dieser Zustand stressähnliche Reaktionen, die das Normale häufig weit überschreiten wie Unruhe, Schlaflosigkeit, Hautrötung, Schwitzen bis hin zu abnormen psychischen Reaktionen, wie Realitätsverlust, Konzentrationsschwäche, rauschhaftes Glücksgefühl oder depressive Verstimmung.
Alles um die geliebte Person wird „rosarot", verklärt gesehen. Die realitätsferne Überhöhung der/des Geliebten überträgt sich auch auf deren/dessen Umfeld, ihren/seinen Lebensbereich und auf die mit ihr oder ihm verbundene Person. Die Neurobiologen nennen diesen Zustand nüchtern und kühl „Kontextkonditionierung".
Die funktionelle Kernspintomographie enthüllte bei Personen, die sich in diesem Zustand befanden, Aktivitäten von Neuronennetzen in bestimmten Hirnrindenarealen (insulärer und cingulärer Cortex) sowie in bestimmten Gebieten des mesolimbischen Systems (Bartels et al.).
Seeley (1999) unterscheidet zwei Phasen bei diesem Verhaltensphänomen:

Die erste Phase der Betörung, die mit Sehnsucht nach der geliebten Person und mit einem überhöhten Lebensgefühl einhergeht („im siebten Himmel schwebend")wird biochemisch durch die Wirkung von Oxytocin im Nucleus accumbens, einem Kerngebiet des limbischen Systems, bestimmt. Oxytocin führt hier zur Freisetzung von Dopamin und endogenen Morphinen (Endorphine), die diese betörende Wirkung auslösen.

Auch in der zweiten Phase der Bindung spielt Oxytocin eine wichtige Rolle, ergänzt durch Phenylethylamin (PEA), einer amphetaminähnlichen Substanz, die besonders beim Kontakt der Liebenden ausgeschüttet wird. Es führt zu rauschähnlichen Zuständen. Typisch ist nach anderen Autoren auch eine Überhöhung des Noradrenalin- und Dopaminspiegels bei gesenktem Serotoninspiegel. Dieses soll die realitätsferne Übersteigerung der geliebten Person bewirken.

Ein solcher Zustand dauert in der Regel drei bis zwölf Monate (Basar-Eroglu). Dann verblasst er allmählich. Oxytocin, PEA und die Katecholamine werden heruntergeregelt. Das vorübergehend abnorme Verhalten der verliebten Person normalisiert sich. Gewöhnung ist eingetreten und hat den ökonomisch auf Dauer ungünstigen Zustand abgelöst.

Die dritte Phase der Beziehung ist dann die der tieferen Bindung, wieder bestimmt durch das „Bindungshormon" Oxytocin oder durch die Phase der Gleichgültigkeit. Häufig bleibt nach einem solchen Verlauf dauerhaft ein wehmütiges Gefühl zurück.

Handeln

Handeln bedeutet Verfolgen von aus dem Inneren kommenden Zielen. Es bedeutet nicht, wie der Behaviorismus propagiert, eine Reaktion auf von außen eintretende Reize ohne inneren Willen oder Vorsatz. Handeln entsteht grundsätzlich aus einer inneren Absicht. Eine vollständige Willenshandlung umfasst folgende Phasen (Heckhausen):
- Motivationsphase
- Intentionsphase
- Aktionsphase
- Phase der Bewertung

Die Phase der Motivation, die kürzer oder länger anhalten kann, bereitet den Boden für die Entstehung der Absicht zu einer Handlung. Motivation entsteht überwiegend im unbewussten Bereich. Die Motivationsphase läuft parallel zum sogenannten Bereitschaftspotential. Es findet sich im EEG als schwaches positives Signal ein bis zwei Sekunden vor der Willkürhandlung und tritt ca. 200 bis 300 msec. vor dem Bewusstwerden der Absicht zu einer Willkürhandlung auf (Libet). Ob es ein physiologisches Korrelat der unbewusst ablaufenden Motivationsphase darstellt, ist ungeklärt.

Die Intentionsphase läuft voll bewusst ab. An der Handlungssteuerung sind bestimmte Kerne des Thalamus, an der Entwicklung der Absicht und an der Planung in erster Linie der Cortex und die Basalganglien beteiligt. Die Intentionsphase, der bewusste Wille zur Aktion, erscheint im EEG etwa 200 bis 300 msec. vor der Handlung. Sie folgt also dem Bereitschaftspotential nach.

Die letzte Phase einer Willkürhandlung ist die Phase der Bewertung. Deren Ergebnisse werden im sogenannten deklarativen Gedächtnis (episodisches Gedächtnis, Vertrautheitsgedächtnis, Wissens- und Faktengedächtnis, autobiographisches Gedächtnis) gespeichert. Eine Willkürhandlung hat nach heutigem Wissen folgenden Ablauf (mod. nach Roth):

Motivation	unbewusst, wahrscheinlich limbisches System u. präfrontaler Cortex
	↓
Wunsch, Absicht	Entstehung im präfrontalen Cortex (Intentionsphase) (Speicherung im deklarativen Gedächtnis)
	↓
	limbisches System (unbewusst) (Zensor)
	↓
	Absicht wird bewusst (200 bis 300 msec. vor Handlung) im präfrontalen Cortex

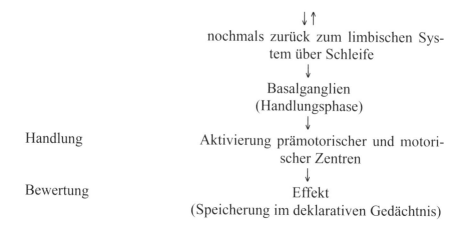

Wie wir gesehen haben, üben Gefühle über die Induktion von Motivation und Absicht einen enormen Einfluss auf unsere Handlungen und damit auf unser Verhalten aus. Diese Wechselwirkung zwischen der inneren Entstehung von Emotionen, die über viele Neuronenschleifen zwischen limbischem System und Cortex unser Verhalten steuern, ist hochkomplex und erst in den Anfängen erforscht.

Zusammenfassung
Die Neurobiologie der letzten Dekaden hat mit ihren Ergebnissen die überwiegende Innensteuerung von menschlichem Verhalten, welches allerdings durch soziales Lernen in der Kindheits- und Adoleszenzphase modifiziert wird, belegt. Menschliches Verhalten entsteht aus der komplexen Wechselwirkung zwischen limbischem System, dem Ort der Emotionsbildung und bestimmten corticalen Arealen. Welche Stellung hat nun das Ich in dieser neurophysiologischen Betrachtungsweise?
Die meisten Neurobiologen halten das Ich für materialisiert (Cruse, Churchland, Damasio u.a.), für ein Konstrukt unseres Gehirns, nicht die Ursache unserer Gefühlswelt, sondern die Folge. Wille, Handlung und somit auch menschliches Verhalten sind vollständig determiniert, da die Funktion des Gehirns entsprechend dem allgemein herrschenden, bisher nicht widerlegten Ursache-Wirkungsprinzip den Naturge-

setzen unterworfen ist. Einer metaphysischen, entmaterialisierten Grundlage des Ich oder Selbst ist nach neurobiologischer Auffassung damit endgültig der Boden entzogen („Descartes' Irrtum", Damasio). Die sogenannte Erklärungslücke zwischen der Realität der Ich-Empfindung und der Physiologie konnte allerdings bisher nicht geschlossen werden.

Schlußbetrachtung
Wir haben unsere Tour d'horizon beendet, auf der wir den verschiedenen Stufen der Ich-Entfaltung nachgespürt haben. Sie führte uns aus dem Dunkel der menschlichen Evolution zu den ersten zaghaften Äußerungen des Ich durch die frühen, noch primitiven Artefakte schließlich zu den ersten Hinweisen auf abstraktes Denken. Wir passierten dabei die sich immer höher aufschwingenden Stadien der Kulturentwicklung, bis wir bei dem Ich unserer Zeit angekommen waren. Wir gingen seit mehr als 2000 Jahren davon aus, dass unser Ich frei in seinem Planen und Handeln ist. Dieses Credo abendländischen Denkens wird durch die modernen Naturwissenschaften infrage gestellt: das Gehirn als Ort des Ich-Bewusstseins ist wie alles im Universum dem Diktat der Naturgesetze unterworfen. Alle cerebralen Funktionen sind daher determiniert, auch das Ich mit allen seinen Lebensäußerungen.

Ist das das Ende aller Erkenntnis oder haben doch diejenigen recht, die behaupten, dass etwas jenseits aller Naturgesetze ist? Diese ewige, wichtigste Frage wartet trotz all unseres Wissenszuwachses weiterhin auf eine Antwort. Die Neurobiologie allerdings kann sie nicht beantworten, da alle ihre Antworten nach ihrer eigenen Vorstellung auch determiniert sind. -

Freiheit oder Determinismus
Das Geist/Gehirn-Problem

Einleitung

Stehen wir vor der totalen Umkehrung unseres abendländischen Menschenbildes mit seiner Vorstellung von der Autonomie und Freiheit des Geistes? Bejahen wir diese Frage, würde das alle gesellschaftlichen und kulturellen Normen, die auf diesem tradierten Menschenbild beruhen, nicht nur in Frage stellen, sondern ad absurdum führen.
Was ist mit einer solchen Umkehrung unseres Weltbildes gemeint? Die neueren Erkenntnisse der Hirnforschung lassen nach Auffassung der Neurobiologen an der Autonomie des Ichs zweifeln, freie, nur von ihm verantwortete Willensentscheidungen treffen zu können. Das freie Selbst ist nach dieser These nur eine evolutionär entstandene Illusion – eine Chimäre, eingehüllt in den Mantel nur scheinbarer Realität. Entscheidungen trifft nicht das Selbst, sondern das physiologisch arbeitende Gehirn in seinem Unbewussten. Erst danach gelangen diese als Absicht in unser Bewusstsein, bevor sie eine Handlung auslösen. Änderungen der Entscheidung des Unbewussten sind nicht mehr möglich. Ließe sich diese These wissenschaftlich zweifelsfrei bestätigen, würde das in der Tat unser Weltbild von der Autonomie unserer Persönlichkeit im wahrsten Sinne des Wortes „auf den Kopf stellen". Wir wären absolut den Naturgesetzen unterworfen, zappelten an den unbewussten Entscheidungen unserer Nervenzellen ohne eigene, selbst verantwortete Entscheidungsmöglichkeit. Wir wären „determinierte Überlebensmaschinen" im Sinne von De la Mettrie und Dawkins. Deterministische Naturgesetze sind dann der einzige Impuls unserer Handlungen. Mentale Ereignisse entstehen dabei mehr beiläufig, im Rahmen der geschlossenen Kausalkette.
Ein solches physikalistisches Weltbild schließt die Existenz jeglicher Metaphysik und jeglicher Glaubenswahrheiten aus. Es wird allein bestimmt von Physik und Chemie und deren Gesetzen. Mentale Ereignisse wie Liebe, Freundschaft, Hilfsbereitschaft oder Religiosität sind dann nichts Anderes als Epiphänomene von Aktivitäten bestimmter neuronaler Netzwerke – so die Aussagen der Neurobiologen.

Gegen diesen reinen Physikalismus erhebt sich z.T. vehementer Widerstand von Philosophen, Theologen – und auch Naturwissenschaftlern. So entwickelt sich zurzeit auf dem Hintergrund der neurobiologischen Erkenntnisse ein lebhafter, bisweilen hitziger Diskurs über die Frage der Beziehung von Geist und Gehirn, ein neues Kapitel in der unendlichen Geschichte dieses philosophischen Sujets.

Im Folgenden wollen wir diese Auseinandersetzung von verschiedenen Facetten her beleuchten und verfolgen. Wir wollen uns zunächst mit dem philosophischen Hintergrund beschäftigen; denn seit mehr als 2000 Jahren gehört das Geist-Gehirn-Problem zu den Grundfragen der Philosophie. Ein philosophiegeschichtlicher Rückblick erleichtert das Eindringen in die Problematik.

Danach werden die für das Verständnis der später geschilderten neuromentalen Beziehungen wichtigen Grundstrukturen des Gehirns in einfacher Form dargestellt. Grundlage dieser Ausführungen sind die vorzüglichen Bücher von E. Roth: „Fühlen, Denken, Handeln" und A. Damasio: „Descartes' Irrtum".

Ein weiteres Kapitel befasst sich mit den heute diskutierten unterschiedlichen Theorien zur Ontologie des Geistes und seiner mentalen Äußerungen. Das Für und Wider der z.T. äußerst kontroversen Auffassungen wird auf ihren Gehalt an Plausibilität durchleuchtet und diskutiert.

Das letzte Kapitel ist dann dem zentralen Thema der Willensfreiheit gewidmet. Hier werden die Meinungen und jeweiligen Argumente vor allem auch im Lichte der neueren experimentellen Forschungergebnisse von Benjamin Libet gewertet und gewürdigt werden.

Der philosophiegeschichtliche Hintergrund

Am Anfang des abendländischen Denkens steht die schwer fassbare Gestalt des Thales von Milet. Erste Versuche, das Universum zu deuten, befassten sich auch mit der „Substanz" des menschlichen Geistes, den Thales für immateriell beseelt hielt. Da kaum schriftliche Belege überliefert sind, bleiben die Konturen seines Denkens unscharf, ähnlich wie die seines Nachfolgers in Milet, Anaximander, für den eben-

falls eine Seele existierte, jedoch von unbestimmter Substanz. Anaxagoras aus Klazomenai in Ionien hat als erster eindeutig die Selbständigkeit des Geistes (nous) gegenüber aller Materie betont. Der Geist handelt selbständig, unabhängig von allem Stofflichen und weiß, was er tut.
Die Erklärungsversuche der Atomisten Demokrit und Leukipp von Seele und menschlichem Bewusstsein sind eindeutig materialistisch. Eine Metaphysik existiert für die Atomisten nicht, wenn auch die gewissengeleitete Ethik der „euthymia", der Ausgeglichenheit, breiten Raum in ihren Vorstellungen einnimmt, ohne jedoch zu sagen, vor was oder wem sich das Gewissen zu verantworten hat.

Nach Platon ist die Seele unsterblich, ewig unveränderlich, während der Körper vergeht. In der „Ideenlehre" wird der Metaphysik breiter Raum gegeben. Im „Phaidon" beschreibt Platon die Verwandtschaft der Seele mit dem Göttlichen, Unsterblichen und Unzerstörbaren. Platon und später Aristoteles haben mit ihren Vorstellungen im ausgehenden Mittelalter großen Einfluss auf die Lehren der Kirche gewonnen und deren Dogmatik erheblich beeinflusst.
Nach der Metaphysik des Aristoteles ist die Seele ein integraler Bestandteil der Persönlichkeit. Sie hat einen vegetativen Anteil, der Wachsen, Ernährung und Fortpflanzung u.a. bedingt. Weiterhin besteht sie aus einem sensitiven Anteil, dem Verursacher von Gefühlen, Lüsten und Bewegung. Beide Anteile besitzen nicht den Logos und sterben daher mit dem Körper. Unsterblich dagegen ist der dritte Anteil der Seele, der rationale, denkende Anteil (nous), dem der Logos innewohnt. In den Schriften „De Anima" und „Eudemische Ethik" wird diese Gliederung beschrieben. Beide Schriften haben zusammen mit dem Dualismus Platons nach der Übersetzung des Dominikaners Wilhelm von Moerbeke und den Interpretationen von Thomas von Aquin vor allem während der Scholastik auf die kirchliche Lehre bestimmenden Einfluss ausgeübt.

Halten wir hier zunächst ein. Wir stellen fest, dass nach den allerdings sehr lückenhaften Zeugnissen in der Philosophie des Geistes während der gesamten Antike bis zum Ausgang des Mittelalters die unsterbli-

che Seele und damit der Dualismus von übergeordnetem Geist und untergeordnetem Körper (Gehirn) das führende geistig-philosophische Modell dieser Zeit war. Allein die Atomisten Demokrit und Leukipp favorisierten die materialistische Natur der Seele.
Außerdem ist zu konstatieren, dass offensichtlich die Frage nach der Willensfreiheit im Denken dieser Zeit noch keine Bedeutung besaß. Willensfreiheit war als Grundprinzip des menschlichen Geistes fest in den Vorstellungen der Menschen verankert und wurde in dieser Zeit nicht in Frage gestellt. Das sollte sich in der beginnenden Moderne ändern. Was versteht man unter Willensfreiheit (n. Roth)?

1. Urheberschaft des Willens:
   eine Handlung wird durch den Willen verursacht, ohne dass der Wille verursacht wird.
2. Anders können, wenn ich anders will.
3. Verantwortlichkeit, Schuldfähigkeit:
   Fähigkeit des Abwägens mehrerer Möglichkeiten mit den Konsequenzen meines Tuns.

Willensfreiheit schließt nach Eisler drei Eigenschaften ein, die man mit metaphysisch, ethisch und psychologisch bezeichnen kann:
Die metaphysische Form als Kraft unserer Gedanken, Absichten und unseres Handelns wird nicht physiologisch verursacht und unterliegt damit nicht der Kausalitätskette deterministischer Naturgesetze. In reinster Form finden wir diese Art bei Descartes und Kant. Descartes nimmt als Verfechter eines strikten Dualismus einen immateriellen Willen als eigentliche „Vermittlungsinstanz zwischen unsterblichem Geist und sterblichem Gehirn und Körper" an (Roth).
Ähnlich argumentiert Kant in der „Kritik der reinen Vernunft". Willensfreiheit ist losgelöst von der Kausalität der Naturgesetze und damit frei und nicht determiniert.
In eingeschränkter Form gesteht Leibniz dem Individuum die Freiheit der Entscheidung zu. Gott allerdings kennt die Entscheidung im voraus, determiniert sie aber nicht („metaphysische Abhandlung"). Allerdings stellt sich sogleich die Frage, ob nicht Gottes Vorauskenntnis der Entscheidung automatisch Determinismus impliziert. Man kann

bei Leibniz von einer eingeschränkten Variante der metaphysischen Form von Willensfreiheit sprechen.
Malebranche dagegen vertrat einen strikten Dualismus cartesianischer Art, in den allerdings Gott permanent eingreift. Diesem sogenannten Okkasionalismus kommen damit eindeutige deterministische Tendenzen zu. Die Vorstellungen von Malebranche haben mit ihrem widersprüchlich spekulativen Charakter keine Verbreitung gefunden.

Als klassischer Vertreter der ethischen Variante der Willensfreiheit ist Kant anzusehen. Ein Individuum, das unter den sittlichen Gesetzen handelt, hat einen freien Willen. Die bewirkenden Ursachen von Ereignissen haben nach Kant keinen Einfluss und keine Gewalt über den freien Willen eines Menschen.

Bei der dritten Form von Willensfreiheit, die mehr psychologische Form, führt die Beherrschung der Triebe durch die Vernunft zur Freiheit des Willens (Aristoteles). Je vernünftiger ich handle, um so freier wird mein Wille.
Allen diesen Formen und Varianten der Vorstellungen vom menschlichen Geist liegt die Freiheit des Willens, eigene Entscheidungen unbeeinflusst von Naturgesetzen zu treffen, zugrunde. Das 17. Jahrhundert, in dem Rationalismus und zunehmende Aufklärung die geistige Welt mehr und mehr bestimmen, drängt das bisherige idealistische Konzept der menschlichen Autonomie mehr und mehr zurück.
Spinoza vertritt als erster moderner Philosoph einen strikten, allerdings theologisch begründeten Determinismus, da alles im Menschen von Gott verursacht ist. Eine völlig beliebige Willensfreiheit lehnt er im 22. Brief („Epistolae") an Johannes von Blyenberg ab. Da Gott alles voraussieht und einrichtet, ist der Mensch unfrei und in seinem Schicksal determiniert. Hier finden sich starke Anklänge an die Prädestinationslehre der Calvinisten und Jansenisten.
Haben Hobbes und Locke den Menschen bei ihren Handlungen noch gewisse Reservate der Freiheit im Fluss ihrer Entscheidungen zugestanden, lehnt Hume die Existenz von Willensfreiheit entschieden ab. Jede Art von Absichten und Wollen ist den Naturgesetzen unterworfen und damit verursacht durch das physiologisch arbeitende Gehirn.

Ähnliches vertreten die französischen Enzyklopädisten Diderot, d'Alembert und Holbach. Vor allem letzterer argumentiert, dass der Geist nur materialisiert zu deuten und damit als Teil der Natur den deterministischen Naturgesetzen unterworfen ist. Das Gehirn des Menschen stellt eine perfekte Maschine dar, deren Materialität ihrer Mechanik das Ich erzeugt.

Diese mechanistische Deutung des Menschen als autonom arbeitende Maschine findet sich wieder bei De la Mettrie (L'homme machine), der den Seelenbegriff für überflüssig erklärt, da das Gehirn nur physikalisch arbeitet und alle mentalen Verhaltensäußerungen nichts Anderes sind als Folgen der Mechanisierung cerebraler Organfunktionen.

E.T.A. Hoffmann hat das menschliche Erschrecken über diese Weltsicht in seiner Novelle „Der Sandmann" geschildert. Der Jüngling Nathanael verliebt sich in die automatische Puppe Olimpia, in der er glaubt, eine Seele zu finden. Als er seinen Irrtum bemerkt, fragt er sich, ob er nicht selbst eine Maschine ist. Über dieser Möglichkeit wird er an sich irre und sucht den Tod.

Der kurze philosophiegeschichtliche Rückblick zeigt den Wandel in der Philosophie des Geistes. Rationalismus, Aufklärung und die zunehmenden Erkenntnisse der Physik mit ihren Gesetzmäßigkeiten bereiteten den Boden für ein mehr und mehr physikalistisches Bild von der menschlichen Natur, die willentliche Freiheit und Autonomie des Menschen über seine Entscheidungen und Handlungen ausschließt. War es das? fragt man sich: der Mensch – ein Homo neurologicus? Wir werden sehen.

Struktur des Gehirns

Allgemeiner Aufbau
Das Gehirn gliedert sich in sechs Komponenten in denen die Nervenzellen für die verschiedensten cerebralen Funktionen lokalisiert sind (Abb. 8).

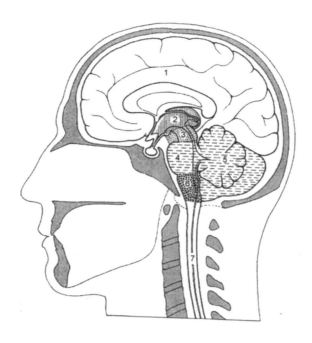

Abb. 8 Schematische Darstellung der Gliederung des menschlichen Gehirns und Rückenmarks, ihre Position innerhalb des Schädels. 1 Endhirn (Telencephalon); 2 Zwischenhirn (Diencephalon); 3 Mittelhirn (Mesencephalon); 4 Brücke (Pons); 5 Kleinhirn (Cerebellum); 6. Verlängertes Mark (Medulla oblongata); 7 Rückenmark (Medulla spinalis), (n. Roth).

Endhirn (Telencephalon)
Zu ihm gehört die Großhirnrinde (Cortex) und einzelne subcorticale Teile, die hier nicht näher beschrieben werden können. Die Großhirnrinde selbst wiederum gliedert sich in einen Lobus frontalis, temporalis, parietalis und occipitalis (Abb. 9), deren Funktion darin besteht, unser Bewusstsein und unser Verhalten zu steuern und unsere Gefühle zu bewerten.

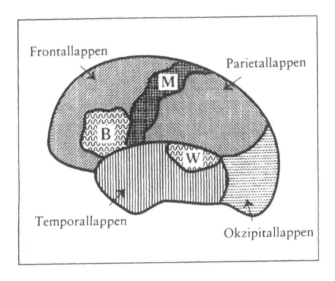

Abb. 9   B = Broca-Region; M = motorischer Cortex; W = Wernicke-Region. Auf der Abb. sind die vier Lappen gekennzeichnet.

Zwischenhirn (Diencephalon)
Das Zwischenhirn umschließt den sogenannten 3. Ventrikel, einen zentralen mit Liquor gefüllten Hohlraum. Seine Kerngebiete (Ganglienzellhaufen) bilden den Thalamus und das thalamo-corticale System. Diese beiden Gebiete regulieren sensorische, motorische, auditorische, gustatorische, teilweise auch kognitive und limbische Gefühls-Funktionen. Außerdem gehört zum Zwischenhirn der Hypothalamus, der Ort der Steuerung vegetativer Funktionen wie Atmung, Kreislauf, Flüssigkeitshaushalt, Nahrungsregulation, Wärme, Biorhythmus, Sexualität und Flucht.

Mittelhirn (Mesencephalon)
An das Zwischenhirn schließt sich nach unten das Mittelhirn an. Es ist Sitz zweier wichtiger Kerngebiete, der sog. Vierhügelplatte und der Formatio reticularis. Die Kerngebiete der Vierhügelplatte regulieren visuell und auditiv ausgelöste Kopfbewegungen und richten feine Handbewegungen aus. Außerdem sind hier die Ganglienzellkerne für das Hören lokalisiert.
Die Formatio reticularis, ein netzförmiges System von Kernen, hat hier ihren Ursprung und erstreckt sich nach unten über die Brücke bis in die Medulla oblongata. Sie steuert als distale Fortsetzung des Hypothalamus ebenfalls die oben beschriebenen vegetativen Funktionen.

Brücke (Pons)
Nach unten hin folgt die Brücke. Sie umfasst die Verbindungsfasern zwischen Großhirn und Kleinhirn. Auch liegen hier weitere Kerngebiete der Formatio reticularis.

Verlängertes Mark (Medulla oblongata)
Den Übergang zwischen Gehirn und Rückenmark bildet die Medulla oblongata, Ort der letzten Ausläufer der Formatio reticularis und wichtiger Hirnnervenkerne.

Kleinhirn (Cerebellum)
Auf gleicher Höhe mit Brücke und Medulla oblongata, nach hinten verlagert in der hinteren Schädelgrube liegt das Kleinhirn. Es ist über

die Brücke mit dem Großhirn verbunden und reguliert das Gleichgewicht sowie die Feinmotorik der Muskulatur. Es macht 10% der Hirnmasse aus und besitzt ca. 30 Milliarden Neurone (Nervenzellen mit Dendriten).

Aufbau der Großhirnrinde
Unser Cortex (graue Substanz) hat eine Dicke von 5 mm, bedeckt eine Fläche von ca. 2000 cm^2 und besitzt ein Volumen von ca. 600 cm^3 entsprechend 40% der gesamten Hirnsubstanz. Die Zellen der grauen Substanz (ca. 50 Milliarden) sind in sechs Schichten (Isocortex) oder drei- bis fünfschichtig (Allocortex) angelegt. 80% machen die sogenannten Pyramidenzellen aus, die fast ausschließlich erregende Funktion besitzen. 20% der Zellen zeigen als Sternzellen, Korbzellen oder Kandelaberzellen u.a. eine andere Gestalt. Sie besitzen im Gegensatz zu den Pyramidenzellen z.T. auch hemmende Eigenschaften. Nervenzellen (Neurone) haben einen komplexen Aufbau (Abb. 10). Sie bestehen aus einem großen pyramidenartigen Zellkörper, einem Hauptast (Hauptdendrit) und vielen vom Hauptast abgehenden Nebenästen (Dendriten), die Erregungen über sog. Synapsen aufnehmen und über einen weiteren aus dem Zellkörper abgehenden Ast, das Axon, an andere Zellen weitergeben. An den Dendriten finden sich kleine Sprossungen (Dornen), die als Andockstellen (Dornsynapsen) der Erregungsaufnahme dienen. Andockstellen (Synapsen) finden sich aber auch an dornenfreien Dendritenstellen und am Zellkörper (Abb. 10).

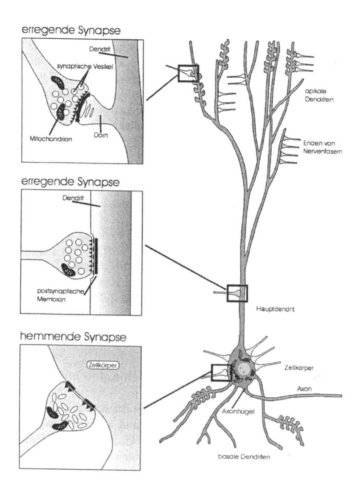

Abb. 10 Aufbau der idealisierten Nervenzelle (Pyramidenzelle der Großhirnrinde). Die apikalen und basalen Dendriten (oben und unten) dienen der Erregungsaufnahme, das Axon (unten) ist mit der Erregungsweitergabe an andere Zellen (Nervenzellen, Muskelzellen usw.) befasst. Links drei verschiedene Synapsentypen (vergrößert): oben eine erregende Synapse, die an einem „Dorn" eines Dendriten ansetzt („Dornsynapse"); in der Mitte eine erregende Synapse, die direkt am Hauptdendriten ansetzt; unten eine hemmende Synapse, die am Zellkörper ansetzt. (Nach Spektrum der Wissenschaft/Scientific American, 1994; (mod. nach Roth 2003).

Die Hauptrichtung der Dendriten verläuft nach oben zur Rindenoberfläche, wo sie sich in Büscheln aufsplittern und verbinden (Abb. 11).

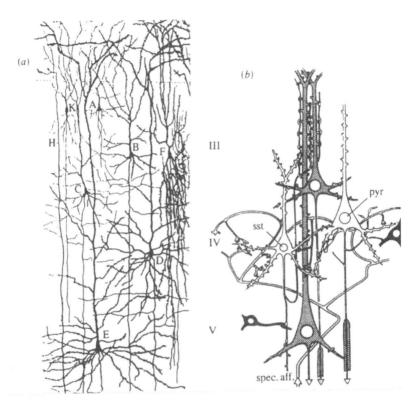

Abb. 11 Neuronen und ihre synaptischen Verbindungen (a)Acht Neuronen aus Golgi-Präparaten der drei oberen Schichten des frontalen Cortex bei einem einen Monat alten Kind. Kleine (B, C) und mittlere (D, E) Pyramidenzellen sind mit ihren Dendriten und überreichlichen Dornfortsätzen dargestellt. Außerdem sind drei weitere Zellen (F, J, K) dargestellt, die der allgemeinen Kategorie des Golgi-Typs II angehören und lokalisierte axonale Verzweigungen aufweisen (Ramón y Cajal, 1911). (b) Der direkt erregende neuronale Schaltkreis der spezifischen (sensorischen) afferenten Nerven (spez. aff.). Beide sternförmigen Zellen mit Dornfortsätzen (s-ZD) mit ihrem aufsteigenden Hauptaxon und apikalen Dendriten der Schicht III- und IV-Pyramidenzellen (*getüpfelt*) sind wahrscheinlich die Hauptziele (Szentágothai, 1979).

Eine Reihe von Pyramidenzellen liegen zu einem Haufen geordnet zusammen und schicken ihre Dendriten zu Säulen (Dendronen) angeordnet nach oben (Abb. 12)

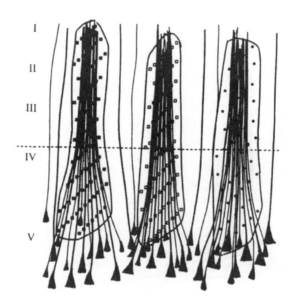

Abb 12   Zeichnungen dreier Dendronen, aus denen ersichtlich ist, wie sich die apikalen Dendriten großer und mittlerer Pyramidenzellen in Schicht IV und weiter außerhalb bündeln und so eine neurale Einheit bilden. (Nach Eccles 1997).

Man vermutet, dass solche Module die kleinsten Einheiten für bestimmte corticale Funktionen darstellen.

Die Weitergabe der Erregung von einem Neuron auf ein anderes vollzieht sich an den Synapsen. Jede Nervenzelle besitzt bis zu 10 000 solcher Andockstellen, so dass die „Verdrahtung" aller Neurone mit ca. 5×10^{14} bis 10^{15} (= 500 bis 5000 Trillionen) geschätzt wird.

Die Erregungsübertragung an der Synapse erfolgt entweder elektrisch oder chemisch durch sog. Transmitter (Überträgerstoffe). In beiden Fällen wird ein elektrisches Signal von der erregenden Zelle über das an der Synapse andockende Axon auf Dendriten oder Zellkörper einer anderen Zelle übertragen (Abb. 13)
Das auslösende elektrische Aktionspotential verbreitet sich dann flächenhaft über die benachbarten Module weiter.

An der chemischen Synapse erfolgt die Erregung durch Ausschüttung von Transmittern aus Vesikeln, die in der Präsynapse lokalisiert sind. Sie werden über den synaptischen Spalt zur Postsynapse transportiert, wo sie die weitere Erregung auslösen.
Die klassischen Transmitter stellen Glutamat, Glycin und GABA (Gammaaminobuttersäure) dar. Sie übertragen die Erregung mit ungeheurer Geschwindigkeit innerhalb von Millisekunden auf die verschiedenen Netzbereiche. Moduliert werden ihre Funktionen durch Substanzen wie Acetylcholin, Adrenalin, Noradrenalin, Serotonin und Dopamin (Neuromodulatoren) entweder im Sinne von Verstärkung oder Hemmung. Ihre Wirkung hat eine Laufzeit von mehreren Sekunden.
Je länger der Transmitter sich im synaptischen Spalt befindet, desto intensiver ist die Erregungsbildung. Hier setzt die Wirkung vieler Psychopharmaka an, die durch ihren Einfluss auf die Verweildauer des Transmitters im synaptischen Spalt bestimmte Erregungen verstärken oder hemmen können.
Zwei Beispiele sollen deren Wirkung erläutern. Ursache des Morbus Parkinson ist ein Dopamin-Mangel in bestimmten Gehirnstrukturen.

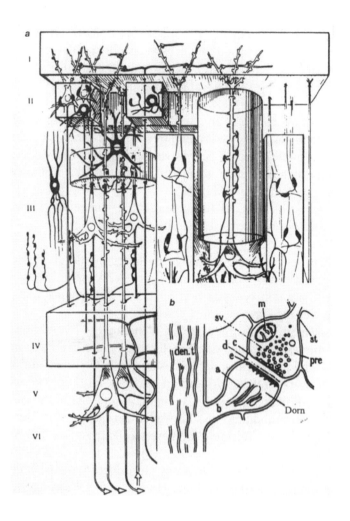

Abb. 13 **(a)** Dreidimensionales Modell von Szentágothai, das verschiedene Arten von kortikalen Neuronen zeigt. Man sieht zwei Pyramidenzellen in der Schicht V und drei in der Schicht III, eine davon ist rechts im Detail gezeigt (Szentágothai, 1978). **(b)** Die Feinstruktur einer Dornsynapse an einem Dendriten (den). st = Axon, das in einem synaptischen Bouton oder präsynaptischen Terminal endet (pre); sv = synaptische Vesikel; c = präsynaptisches Vesikelgitter; d = synaptischer Spalt; e = postsynaptische Membran; a = Dornapparat; b = Dornstiel; M = Mitochrondrium (Gray, 1982).Bouton=Enderweiterung der präsynaptischen Nervenfaser an einer Synapse.

Die Gabe von L-Dopa, das im Gegensatz zu Dopamin die Blut-Hirnschranke überwindet, erhöht und verlängert die Konzentration von Dopamin im synaptischen Spalt und mindert damit die Krankheitssymptome des Erkrankten.
In dem Mangel an Serotonin wird eine Mitursache von Depressionen vermutet. Imipramin hemmt den Abbau von Serotonin im synaptischen Spalt und wirkt damit als Antidepressivum.

Neben Transmittern und Neuromodulatoren bildet das Gehirn sog. Neuropeptide und Neurohormone, deren Wirkung sehr viel länger anhält (Minuten, Tage, Monate). Phenylethylamin (PEA) ist eine solche Substanz. Sie ist verantwortlich für die Betörungsphase bei der Verliebtheit (Seeley). Sie hat amphetaminähnliche Wirkungen und kann monatelang anhalten. Mit dem Rückgang der Verliebtheit fällt der Spiegel von PEA wieder ab.

In dieser sehr groben, vereinfachenden Form wurden die anatomischen und physiologischen Grundstrukturen des Gehirns beschrieben. Das Gehirn besteht danach aus einer ungeheuren Ansammlung erregbarer Zellen, die in Modulen und Zellhaufen (Nuclei) organisiert sind und über elektrische oder chemische Reize auch über weite Entfernungen permanent miteinander kommunizieren. In dieser grauen Masse mit ihren 5×10^{14} bis 10^{15} Synapsen entsteht irgendwie unser Geist, unser Bewusstsein, unsere Gedanken, unsere Absichten und unser Wille, kurz unser Selbst.
Wie ist es möglich, dass in einem physikalisch-chemisch arbeitenden Organ so etwas Abstraktes wie ein Wille entsteht? Diese sogenannte „Erklärungslücke" konnte bisher nicht geschlossen werden. Ist sie überhaupt zu schließen?
Wir wollen uns jetzt den unterschiedlichen Theorien zum Verhältnis von Geist und Gehirn zuwenden.

Moderne Theorien der Geist/Gehirn-Beziehung

Die entscheidende Frage der Geist/Gehirn-Beziehung lautet: Lassen sich mentale Ereignisse oder Zustände grundsätzlich auf neuronale

Aktivitäten und damit auf physico-chemische Prozesse zurückführen, oder entstehen mentale Ereignisse oder Zustände unabhängig von neuronalen Aktivitäten? Bevor wir uns den heutigen Vorstellungen der Geist/Gehirn-Beziehung zuwenden, müssen einige Begriffe geklärt werden.

Eigenschaft, Ereignis, Zustand, Entität (nach Pauen)
Ereignisse sind kurzfristige Repräsentationen von Eigenschaften (Eigenschaft = Objekt oder zustandbezogenes Merkmal). Zustände beschreiben dagegen längerfristigen Repräsentationen von Eigenschaften. Ein Beispiel: Die flüchtig auftretende Eigenschaft Blässe infolge plötzlichem Erschrecken ist ein Ereignis, während die Eigenschaft Blässe infolge einer chronischen Blutarmut einen Zustand repräsentiert. Der Begriff Entität umschließt alle drei Repräsentationen.

Geist
Eine alle Eigenschaften des Begriffs Geist umfassende Definition erscheint nicht möglich. Im heutigen philosophischen Kontext wird unter dem Begriff in aller Regel alles das, was das Bewusstsein ausmacht, in der idealistischen Philosophie früherer Zeiten auch Übersinnliches wie die Seele verstanden.
Im Folgenden wird Geist als ein Synonym für Bewusstsein benutzt werden, auch wenn eine solche Festlegung nicht alle historischen und neuzeitlichen Facetten des Geistbegriffs umschließt.

Bewusstsein
Ähnlich schwierig gestaltet sich eine befriedigende Definition von Bewusstsein. Bewusstseinszustände sind stets mentale Zustände. Solche Zustände sind privilegiert, d.h. sie sind nur der Person zugänglich, in der sie ablaufen (Erste-Person – Perspektive). Andere Personen haben keinerlei Zugang zu ihnen. Sie entziehen sich damit auch der naturwissenschaftlichen Messung.

Physische, auf die Natur bezogene und mit Hilfe der Naturwissenschaft zu beobachtende Zustände besitzen dagegen die Dritte-Person-

Perspektive (die Perspektive des Beobachters). Die Natur lässt sich von außen beobachten, das abstrakte Bewusstsein jedoch nicht. Pauen unterscheidet vier Formen des Bewusstseins:
- Wachheit (Vigilanz):
  „bei Bewusstsein sein"
- kognitives, intentionales Bewusstsein:
  Glauben, Wünschen, Wollen, Denken, Planen, Gefühle empfinden u.a.
- phänomenales Bewusstsein:
  Summe aller Erfahrungen, Gedächtnis, Wissen
- Selbstbewusstsein:
  die Erkenntnis seiner selbst in allen seinen Lebensäußerungen und Lebenssituationen

Physikalismus
Von den Monisten wird häufig der Begriff Physikalismus verwandt. Er legt fest, dass allen Ereignissen und Zuständen im Universum in der kausalen Kette stets ein physikalischer Prozess zugrunde liegt. Nichtphysikalische Ursachen von Ereignissen oder Zuständen sind nicht möglich. Diesen reinen materialistischen Vorstellungen der Welt liegen drei Prinzipien zugrunde, die im gesamten Universum ihre Gültigkeit besitzen sollen (Pauen):
1. Prinzip der kausalen Geschlossenheit:
   physikalische Prozesse sind nicht durch nichtphysikalische Prozesse zu erklären.
2. Prinzip der physischen Determination:
   alle positiven Fakten der Welt sind durch physische Fakten determiniert.
3. Prinzip der Energiekonstanz:
   In einem geschlossenen System (Universum) ist die Summe aller Energien zeitlich unveränderlich konstant. D.h, Energie kann nicht aus nichts gewonnen und auch nicht zerstört werden. Sie kann nur von einer Form in eine andere umgewandelt werden.

Determination
Determination bedeutet hier Festlegung, Bestimmtheit durch naturgesetzliche Ursachen. Determination schließt somit Alternativen durch von Naturgesetzen unabhängigen Freiheiten aus.
Ziel neurobiologischer Erforschung des Bewusstseins ist die Suche nach gesicherten Beziehungen zwischen mentalen Ereignissen oder Zuständen und neuronalen Aktivitäten. Hierzu werden neben der Elektroencephalographie (EEG) und der Magnetencephalographie (MEG) die modernen Bildgebungsverfahren funktionelle Kernspintomographie (fMRT) und Positronenemissionstomographie (PET) verwandt.
Beim EEG misst man durch auf der Oberfläche des Schädels angebrachte Elektroden die elektrische Aktivität der in der Hirnrinde lokalisierten Pyramidenzellen. Die Aktivitäten subcorticaler Kerngebiete können mit dieser Methode nicht erfasst werden. Während die zeitliche Auflösung hoch ist und im Millisekundenbereich liegt, fällt die lokale Auflösung und damit exakte Ortung der Erregung sehr ungenau aus.
Mit dem MEG werden bei Erregung von Pyramidenzellen auftretende Magnetfelder gemessen, die ebenfalls eine hohe zeitliche Auflösung bei relativ ungenauer lokaler Auflösung aufweisen.
PET und fMRT messen die bei einer neuronalen Erregung auftretenden Veränderungen des Hirnstoffwechsels und der Hirndurchblutung.
Mit PET lassen sich durch Gabe eines Positronen aussendenden Isotops Hirnstoffwechselprozesse quantitativ messen. Die lokale und zeitliche Auflösung ist mit 5 bis 10 mm und 45 bis 90 Sekunden jedoch ungenau, so dass die Lokalisation des Ortes erhöhten Stoffwechsels häufig nicht sicher und kurze kognitive Ereignisse überhaupt nicht erfasst werden können.
Bei der funktionellen Kernspintomographie werden wahrscheinlich infolge erhöhter neuronaler Aktivitäten auftretende regionale Durchblutungssteigerungen gemessen. Allerdings ist die genaue Natur der Signale noch nicht eindeutig geklärt. Zeitliche und regionale Auflösung von fMRT ist genauer als PET.

Alle diese Methoden dienen der Untersuchung zeitlicher und regionaler Korrelationen von mentalen Ereignissen mit neuronalen Aktivitäten. Was aber bedeuten solchermaßen nachgewiesene Korrelationen? Werden durch ihren Nachweis auch deren jeweilige kausale Beziehungen zweifelsfrei festgelegt?
Pauen weist auf eine prinzipielle Grenze all dieser Methoden hin: noch so enge Korrelationen unter Kenntnis aller neurochemischer Prozesse „lässt immer noch unterschiedliche Interpretationen offen"; z.B. handelt es sich um einen einzigen identischen Vorgang oder liegen zwei unterschiedliche Aktivitäten vor, die in irgendeiner Form untereinander verknüpft sind?
Es wäre durchaus denkbar, dass die neuronale Aktivität einerseits Ursache, andererseits aber auch Folge mentaler Ereignisse sein könnte. Die Neurobiologie befindet sich hier in einem Dilemma, dem zu entrinnen bisher keine Lösung gefunden worden ist.

Nach der zum Verständnis notwendigen Klärung einer Reihe von Begriffen und Grundprinzipien werden im Folgenden die heutigen Vorstellungen zum Geist/Gehirn-Problem vorgestellt.
Unzweifelhaft ist das Gehirn und nicht ein anderes Organ der Entstehungsort unseres Bewusstseins und damit aller mentalen Ereignisse und Zustände. Ohne Gehirn - kein Bewusstsein! Diese auf einem nicht anzuzweifelnden Faktum beruhende Erkenntnis, die man sowohl im philosophischen als auch naturwissenschaftlichen Sinn als „absolut wahr" bezeichnet, sagt jedoch nichts über das „Wie" der Entstehung von Bewusstsein aus. Zwei Grundpositionen zum „Wie" sind möglich:
1. Der Monismus geht bei neuronalen und mentalen Aktivitäten grundsätzlich nur von einem einzigen Prozess aus, der ausschließlich physikalisch verursacht wird.
2. Der Dualismus sieht in neuronalen und mentalen Prozessen zwei verschiedene Arten von Ereignissen und Zuständen, die teilweise unabhängig von einander existieren, sich aber gegenseitig beeinflussen. Nur der Dualismus hält die Möglichkeit einer immateriellen Existenz und nichtphysikalischer Entstehung mentaler Ereignisse unabhängig von den Naturgesetzen

offen. Wie wir allerdings sehen werden, können im Dualismus sehr unterschiedliche Positionen bezogen werden. Dualistisches Denken eröffnet für die Beziehung zwischen Bewusstsein und neuronalen Prozessen grundsätzlich drei Möglichkeiten:
a) Die Beziehung ist wechselseitig. Mentale und neuronale Prozesse beeinflussen sich alternierend, bestehen aber unabhängig von einander (interaktionärer Dualismus).
b) Die Beziehung ist einseitig neuronal in Richtung mental dominiert. Alle mentalen Ereignisse stellen nur wirkungslose Epiphänomene neuronaler Prozesse dar (Epiphänomenalismus).
c) Bestimmte neuronale Prozesse haben zufällig auch noch mentale Eigenschaften (Eigenschaftsdualismus).

Dualismus
Unsere Alltagsbefindlichkeit (Alltagspsychologie) ist ganz eindeutig dualistischer Natur. Die überwiegende Mehrheit der Amerikaner und immer noch eine Mehrheit der Europäer glaubt an die Existenz einer unsterblichen Seele. Unsere gesamte Kultur scheint Ausdruck eines frei planenden und handelnden Willens zu sein und die Behauptung, dieser immaterielle Wille sei nichts Anderes als das Resultat materiell arbeitender Neuronennetze, erscheint uns nicht plausibel. Diese sogenannte Erklärungslücke zwischen materiell arbeitendem Gehirn und immateriellem Bewusstsein konnte von der neurobiologischen Forschung bisher nicht geschlossen werden. Im Folgenden werden wir uns nun mit den verschiedenen dualistischen Vorstellungen auseinandersetzen. Sie reichen zurück bis in die Zeit der antiken Philosophen. Descartes hat sie am Beginn der Neuzeit weiterentwickelt, und manche seiner Ansätze werden auch heute noch vertreten.

Interaktionärer Dualismus
Diese Form des Dualismus geht auf Popper und Eccles zurück. Basis ihrer Vorstellungen ist das Drei-Welten-Konzept von Popper, das alle physikalischen Objekte und Zustände (Welt 1), alle Bewusstseinszu-

stände (Welt 2) und alles objektive Wissen (Welt 3) umfasst (Abb. 14). Im Gegensatz zu dem Materialisten, für die nur eine alles Existierende umfassende Welt 1 der physikalischen Objekte und Zustände besteht, sind Geist und Gehirn bei Popper und Eccles zwei eigenständige Entitäten, die jedoch über die Quantenphysik miteinander in Wechselwirkung stehen. Das Gehirn gehört zur Welt 1, der Geist (das Selbst) zur Welt 2. Beide Welten interagieren miteinander. Welt 1 ist somit nicht geschlossen wie die Materialisten propagieren, sondern offen und damit durch Welt 2 veränderbar.

WELT 1	**WELT 2**	**WELT 3**
PHYSIKALISCHE OBJEKTE UND ZUSTÄNDE	ZUSTÄNDE DES BEWUSSTSEINS	OBJEKTIVES WISSEN
1. Anorganisch Materie und Energie	*Subjektives Wissen, Erfahrungen von:* Wahrnehmung Denken Gefühlen Planen Erinnerungen Träumen kreativen Vorstellungen	*Kulturelles Erbe:* auf materiellen Trägern philosophisch theologisch wissenschaftlich historisch künstlerisch technisch
2. Biologie Aufbau und Tätigkeit aller Lebewesen		
3. Artefakte Ausgangsmaterial menschlicher Kreativität: Werkzeuge Maschinen Bücher Kunstwerke Musik		Theoretische Systeme: Forschungsprobleme Kritische Argumente

Abb. 14 Die drei Welten alles Existierenden (n. Popper)

Der Hypothese der Materialisten von einer geschlossenen Welt 1, auf die die Welt 2 (die Welt des Bewusstseins) keine verursachende Wirkung hat, wird von Eccles mit folgenden Argumenten begegnet:

1. Unzweifelhaft ist unser Bewusstsein, unser Selbst evolutionär entstanden. Es entwickeln sich nach der Evolutionstheorie nur solche Organstrukturen, die einen eindeutigen Überlebensvorteil bewirken. Wenn Welt 2 also völlig machtlos wäre, kann man ihre Entwicklung nicht durch die Evolution erklären. „Nach der Evolutionstheorie hätten mentale Zustände und Bewusstsein (Welt 2) nur dann entstehen und sich entwickeln können, wenn sie ursächlich erfolgreich darin gewesen wären, Veränderungen in neuronalen Vorgängen im Gehirn mit daraus folgenden Verhaltensänderungen herbeizuführen, die einen Überlebensvorteil gehabt hätten. Dieses kann nur geschehen, wenn Welt 1 des Gehirns für Einflüsse durch mentale Ereignisse in Welt 2 offen ist".
2. Nirgendwo in den Gesetzen der Physik findet sich ein Hinweis auf Bewusstsein in der Materie. Das Auftreten von Bewusstsein ist daher nicht vereinbar mit den bisherigen bekannten Naturgesetzen. Auch eine bestimmte Höhe der Komplexität führt nicht automatisch zu Bewusstsein, wie die Materialisten behaupten. Deren These ist bisher unbewiesen. Alle Versuche mit künstlicher Intelligenz (z.B. die Turing-Maschine) sind bisher gescheitert.

Eccles lehnt den cartesianischen Dualismus der beiden Substanzen Res cogitans (Geist) und Res extensa (Körper) ab. Er beschreibt eine „spirituelle Existenz des Geistes, das Selbst ohne irgendwelche Substanz". Es ist völlig unabhängig von den Neuronen. Ausfluss dieses Geistes sind unsere mentalen Ereignisse und Zustände, die die neuronalen Ereignisse beeinflussen oder hervorrufen. Das Selbst ist also frei, nicht naturgesetzlich verursacht und damit nicht determiniert.
Wie wirken nun die nicht physikalisch verursachten mentalen Ereignisse des freien Geistes auf die physikalisch reagierenden Neuronen? Wie lösen sie neuronale Ereignisse aus?

Eccles gibt als Ort ihrer Wirkung die chemischen Synapsen mit ihrem Gehalt an Transmittern und Neuromodulatoren an. Wie wir im Kapitel „Struktur des Gehirns" beschrieben haben, wird an einer chemischen Synapse aus einer Vesikel der Präsynapse über den synaptischen Spalt ein Transmittermolekül auf die Postsynapse übertragen, ein Vorgang, Exozytose genannt, der ein elektrisches Signal von einem Neuron auf ein anderes weiterleitet (Abb. 15)

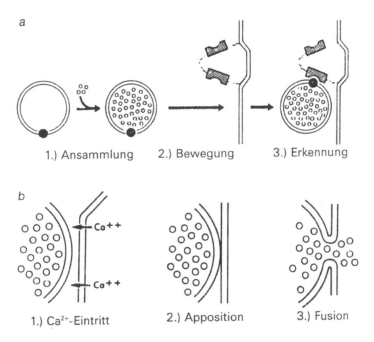

Abb. 15 Bildungs-, und Bewegungs-Exozytosestufen der synaptischen Vesikeln. (a) Die drei Stufen, in denen die Vesikel mit Transmitter aufgefüllt und mit einer präsynaptischen dichten Erhebung von dreieckiger Form in Berührung gebracht werden. (b) Stufen der Exozytose mit Freisetzung von Transmittern in den synaptischen Spalt. Man erkennt die zentrale Rolle des Ca^{2+}-Inputs aus dem synaptischen Spalt (Kelly et al., 1979).

Dieser Vorgang erfordert Energie. Die Energie kann nach Eccles und Beck (Quantenphysiker) durch die Quantenmechanik mit ihren Wahrscheinlichkeitsfeldern infolge des Heisenbergschen Unschärfeprinzips

vorübergehend geborgt werden, wenn sie sofort wieder zurückerstattet wird. Die Energie wird dadurch zurückerstattet, dass frei werdende Transmittermoleküle von einer hohen auf eine niedrige Konzentration absinken. So könnten probabilistische[1] Exozytosen von Transmittern aus einer präsynaptischen Vesikel im Rahmen eines durch ein mentales Ereignis (z.B. eine Absicht) aufgebautes quantenmechanisches Wahrscheinlichkeitsfeld, das vorübergehend die Wahrscheinlichkeiten für Exozytosen in einem Dendron erhöht, modifiziert (ausgelöst, verstärkt, beschleunigt, gehemmt) werden.
Verstärkte mentale Ereignisse können über die Erhöhung der Wahrscheinlichkeiten von Exozytosen auf vermehrte Dendronen-Bereiche wirken und größere neuronale Netze aktivieren. Grundeinheiten aller mentalen Ereignisse stellen dabei immaterielle Psychonen (kleinste psychische Einheiten) dar, die eine feste Beziehung zu bestimmten Dendronen haben und immer nur an ihren eigenen Dendronen wirken. Nach Auffassung von Eccles und Beck lässt sich eindeutig belegen, dass aufgrund quantenmechanischer Prinzipien mentale Ereignisse die geringe Wahrscheinlichkeit der Exozytose (< 1) erhöhen können, ohne das Energieerhaltungsprinzip zu verletzen.
„Die durch die Psychonen bewirkten geringen Veränderungen der Exozytose-Wahrscheinlichkeiten liegen im Bereich quantenphysikalisch zu erwartender Abweichungen" (Pauen), so dass die Energieerhaltungssätze nicht verletzt werden.

Eccles stellt fest, dass mit dem von ihm vorgestellten interaktionären Dualismus zweier autonomer Prozesse freier Wille, Bewusstsein und Bewusstseinszustände plausibler erklärt werden können, als der monistische Physikalismus das vermag. Bisher sind die Monisten nicht in der Lage gewesen, das Bindungsproblem (die Erklärungslücke) zwischen neuronalen und mentalen Prozessen zu lösen.
Nach Auffassung von Eccles besitzt das Selbst die vollständige Kontrolle über das Gehirn. Sind die Schlussfolgerungen korrekt und experimentell untermauert? Sie sind es bisher nicht. Vier Argumente lassen sich gegen den interaktionären Dualismus anführen:

---

[1] Probabilismus = Lehre von den Wahrscheinlichkeiten

1. Die von Popper und Eccles propagierte Offenheit von Welt 1 für Welt 2 und Welt 3 ist keineswegs bewiesen, so dass das Prinzip der kausalen Geschlossenheit keineswegs widerlegt erscheint.
2. Die höhere Plausibilität des dualistischen Ansatzes bewusster und neuronaler Zustände sowie die noch fehlende Lösung des Bindungsproblems (der Erklärungslücke) beweisen noch kein höheres Gewicht produalistischer Argumente.
3. Bisher ist die Neurobiologie bei ihren Untersuchungen auf keine neuronalen Prozesse gestoßen, die durch nichtphysikalische Ursachen ausgelöst werden. Wir werden auf die Libet'schen Untersuchungen zu diesem Problem später ausführlich eingehen.
4. Der Energieerhaltungssatz wird durch den interaktionären Dualismus verletzt: diese monistische Behauptung ist allerdings umstritten. Der Quantenphysiker F. Beck hält quantenmechanisch bedingte, kurzfristige Wahrscheinlichkeitserhöhungen für die Exozytose von Transmittern durch mentale Ereignisse ohne Verletzung des Energieprinzips für möglich.

Fazit: Der interaktionäre Dualismus kann für seine Gültigkeit einige plausible Argumente ins Feld führen, ohne dass diesen allerdings absolute Beweiskraft zukommt. Neurobiologische Erkenntnisse für eine mentale ursächliche Einwirkung auf neuronale Prozesse haben sich bisher nicht ergeben. Allerdings erscheint die kurzfristige quantenphysikalische Erklärung der Wahrscheinlichkeit von Exozytosen durch mentale Ereignisse ohne Verletzung des Energieerhaltungssatzes theoretisch möglich. Entscheidend wird jedoch sein, die behauptete Verursachung oder Beeinflussung neuronaler Prozesse durch Bewusstseinszustände auch experimentell nachzuweisen.

Epiphänomenalismus
Auch der Epiphänomenalismus unterscheidet zwischen mentalen und neuronalen Ereignissen und Zuständen. Allerdings haben mentale Prozesse keinerlei Einfluss auf neuronale und andere mentale Prozes-

se. Mentale Ereignisse begleiten als reine Epiphänomene neuronale Ereignisse, ohne irgendeine Wirkung auf diese zu besitzen.
Einer der prominenten Vertreter dieser Form des Dualismus ist Th. H. Huxley, der 1874 folgendes schrieb: „Alle unsere Bewusstseinszustände...werden unmittelbar von molekularen Veränderungen in der Hirnsubstanz verursacht... Das Gefühl, das wir einen Entschluss nennen, ist nicht die Ursache der Handlung, sondern das Symbol eines Gehirnzustandes, der die unmittelbare Ursache dieser Handlung ist".
Eine Reihe von Vertretern des Epiphänomenalismus glauben, dass Bewusstseinszustände nur dann eine verursachende Wirkung erlangen können, wenn in der Kausalkette physischer neuronaler Ereignisse eine Lücke auftreten würde, die dann von mentalen Prozessen geschlossen werden kann. Da es für eine solche Lücke keinerlei Beweise gibt, könne Bewusstsein auch nicht kausal wirksam sein (zit. n. Pauen). Allerdings fanden sich für dieses sogenannte Kontinuitätsargument der Epiphänomenalisten bisher auch keine Belege. Wenn z.B. Identität zwischen neuronalen und mentalen Prozessen bestünde (Aussage der Identitätstheorie – eine Form des Monismus), würden mentale Ereignisse und Zustände logischerweise gleichermaßen wie neuronale Prozesse kausal wirksam sein. Das Kontinuitätsargument des Epiphänomenalismus verlöre dann seine Bedeutung.
Ein gewichtiges Argument gegen den Epiphänomenalismus liefert der schon oben beschriebene, von Eccles und Popper vorgetragene evolutionstheoretische Gedankengang. Danach ist es nicht verständlich, welchen Überlebensvorteil die Entwicklung des Bewusstseins für das Lebewesen „Mensch" haben soll, wenn Bewusstseinszustände gegenüber neuronalen Prozessen machtlos sind und keinerlei Einwirkungsmöglichkeiten auf die Aktivitäten des Gehirns und damit auf unser Verhalten haben. Eine schlüssige Erklärung, die im Einklang mit der Wirkungsweise der Evolutionstheorie steht, konnten die Vertreter des Epiphänomenalismus bisher nicht liefern. Der Epiphänomenalist unterstellt, dass mentale Eigenschaften keinerlei Einflüsse auf physische Prozesse und damit auf die Welt haben. Abwesenheit von Bewusstsein bliebe daher für die Welt absolut folgenlos. Dieses erscheint uns nach dem Verständnis unserer selbst völlig abwegig. Diese sehr hypothetische Überlegung würde das Auseinanderfallen von neuronalen und

mentalen Prozessen bedeuten und die Bindungsthese der beiden Entitäten, eine Grundposition des Epiphänomenalismus ad absurdum führen.

Eigenschaftsdualismus

Als eine Variante des Epiphänomenalismus kann der Eigenschaftsdualismus bezeichnet werden. Ihre Vertreter gehen davon aus, dass im Gegensatz zum klassischen Epiphänomenalismus, bei dem einem mentalen Zustand jeweils nur ein neuronaler Prozess zuzuordnen ist, beim Eigenschaftsdualismus einem Typ mentaler Ereignisse jeweils mehrere Typen neuronaler Prozesse gegenüberstehen können. Die kompensatorische Wiedergewinnung von infolge Verletzung eines Hirnareals verlorengegangener mentaler Eigenschaften könnte ein Beleg für die Richtigkeit dieser These sein, ohne sie jedoch beweisen zu können.

Fazit: Die Theorie des Epiphänomenalismus und seiner Variante des Eigenschaftsdualismus geht wie der interaktionäre Dualismus von zwei getrennten Entitäten mentaler und neuronaler Prozesse aus. Verursachend sind jedoch allein die neuronalen Prozesse, bei deren Aktivierung Bewusstseinszustände als kausal unwirksame Begleiterscheinungen oder Eigenschaften auftreten. Auch für diese Form des Dualismus gibt es bisher keine empirischen Belege.

Monismus

In der Moderne wurde der cartesianische Ausdruck „Substanz" für neuronale oder physische Prozesse mehr und mehr durch den Begriff „Eigenschaft" oder „Zustand" ersetzt. Während nun der Dualist bei mentalen oder neuronalen Prozessen von zwei Eigenschaften oder Zuständen ausgeht, existiert für den Monisten nur eine physikalische Entität. Was sind jedoch physikalische Entitäten?

Sie sind durchaus nicht immer materiell, wie alle immateriellen elektrischen oder magnetischen Felder beweisen. Der Begriff „physisch-physikalisch" ist daher bezüglich seiner Grenzen durchaus verschwommen. Damit lässt sich die dualistische Unterscheidung von mentalen und neuronalen Prozessen nicht immer mit nichtphysischen und physischen Eigenschaften decken. Wir sehen, man gerät mit seinen Versuchen zur Lösung des Geist-Gehirn-Problems immer wieder an Paradoxa, die z.T. aus der Schwierigkeit herrühren, die Begriffe scharf semantisch zu trennen.

Wie beim Dualismus weist der Monismus eine Reihe von Spielarten auf, die jedoch alle eines gemeinsam haben: es gibt nur physisch-chemische Prozesse, die grundsätzlich nur von physico-chemischen Aktivitäten verursacht werden. Im Folgenden werden wir auf die drei verbreitetesten Formen eingehen.

Semantischer Physikalismus
Diese Position (Carnap) besagt, dass sich Sätze über psychische Zustände in bedeutungsgleiche Sätze über physische Zustände übersetzen lassen. D.h. jeder psychische Zustand hat eine physische Entsprechung in dem daraus zu beobachtenden Verhalten der Person.
Ein Beispiel (nach Pauen):
„Hans hat Bauchschmerzen". Dieser psychische Satz ist ohne Bedeutungsverlust in nichtpsychische Sätze zu übersetzen, die das daraus folgende Verhalten von Hans beschreiben: Hans klagt, krümmt sich usw. Ein psychischer Satz „Hans hat Schmerzen" ist nach dieser Auffassung nur dann sinnvoll, wenn ein Testverfahren den Satz aus der Dritte-Person-Perspektive, nämlich dem der Beobachtung verifizieren kann. Ist der psychische Satz aus der Dritte-Person-Perspektive nicht verifizierbar, ist der Satz sinnlos. In der Tat liegt hier eine semantische Vorgehensweise vor, in der versucht wird, mentale Prozesse, die privilegiert und damit Dritten nicht zugänglich sind, in physische Ereignisse, die dann von Dritten registriert werden können, zu übersetzen. Aber verhilft das zu einer plausiblen Erklärung über die Natur mentaler Ereignisse? Wohl kaum! Viele mentale Zustände, wie z.B. die Entstehung eines unerfüllbaren Wunsches, sind der Dritte-Person-Perspektive nicht zugänglich und am Verhalten auch nicht erkenntlich. Sie lassen sich somit nicht in einen physischen Satz übersetzen. Was bedeutet dann die sich nach der Vorstellung des semantischen Physikalismus daraus ergebende Sinnlosigkeit der Frage konkret? Die

Frage ist nicht zu beantworten. Die Grundposition dieser Form des Monismus erscheint daher nicht überzeugend.

Identitätstheorie
Nach dieser Position sind mentale Zustände mit neuronalen Prozessen identisch (z.b. wie Wasser und H_2O). Dem Bewusstsein wird allerdings jede Autonomie abgesprochen. Mentale und physikalische Zustände der Neuronen sind jedoch gleichrangig. Die Existenz mentaler Zustände wird nicht angezweifelt. Aus dieser Position der Identitätsbetrachtung der beiden Entitäten ergibt sich, dass mentale Ereignisse oder Zustände, die aus dem Ansatz aller bisherigen Theorien nur aus der Erste-Person-Perspektive erkannt werden können, prinzipiell auch der Dritte-Person-Perspektive der naturwissenschaftlichen Erforschung zugänglich sein müssen. Wie, können die Theoretiker dieser Position nicht angeben.

Wenn unterstellt wird, das Geist und Gehirn miteinander identisch sind, kann Bewusstsein ebenso wie die neuronalen Aktivitäten Gegenstand von wissenschaftlicher Forschung sein. Durch den „Trick" der Identität der beiden Entitäten eröffnet sich die Möglichkeit, das Geist ebenso wie die physico-chemischen Prozesse an den Neuronen kausal wirksam werden. Dieser Gedanke erscheint zunächst attraktiv, wird doch dem Bewusstsein auch verursachende Wirksamkeit zugestanden. Allerdings ergibt sich hier wieder die sogenannte Erklärungslücke (Bindungsproblem), wie die Vielzahl physikalisch-neuronaler Prozesse der Dritte-Person-Perspektive in Deckungsgleichheit zu bringen sind mit dem einheitlichen, nicht physikalischen Bewusstsein der Erste-Person-Perspektive.

Prinzipiell stellt sich bei dieser Theorie allerdings die Frage, wie zwei so unterschiedliche Entitäten identisch sein können. Eine solche Aussage grenzt an Widersprüchlichkeit.

Eliminativer Materialismus
Dieser Form des Monismus liegt die radikalste Position des Physikalismus zugrunde (Churchland und Churchland). Alle mentalen Ereignisse und Zustände, alle Bewusstseinsinhalte sind nach dieser Theorie nichts Anderes als Kunstprodukte der Alltagspsychologie, die das Ziel

hat, das Verhalten anderer Personen zu verstehen. Wir haben nur den Eindruck, dass wir sie kraft unseres autonomen Geistes tatsächlich erleben. Dieser Eindruck täuscht jedoch die Existenz solcher Erlebnisse nur vor. Sie sind uns nur durch Prägung und Gewöhnung, möglicherweise in einer vorgeschichtlichen Gesellschaft vermittelt worden, einer Gesellschaft, die zunächst interne Zustände nicht artikulieren und erst später in einem weiteren Entwicklungsschritt verbalisieren und durch Verhalten ausdrücken konnte (Sellars).

Die in sehr frühen Zeiten entwickelte Alltagspsychologie erfordert bestimmte Stereotypien, die unser alltägliches Verhalten steuern. Sie sind nichts Anderes als Artefakte unserer sozialen Entwicklung. Pauen beschreibt folgendes Beispiel: „Wenn man den Wunsch nach einem Eis hat und an einem Eiscafé vorbeikommt, wird man vermutlich ein Eis kaufen". Die Alltagspsychologie würde aus dem Ablauf des Geschehens sozusagen das psychische Ereignis „Wunsch" postulieren.

Patricia und Paul Churchland vertreten die Auffassung, dass die Alltagspsychologie bald durch eine bessere neuronale Theorie zum Verschwinden gebracht wird. Deren Postulate würden dann wegfallen, sie wären eliminiert. Wir würden dann nicht mehr von mentalen Zuständen wie Schmerzen, Hoffnung oder Wünschen sprechen, sondern nur noch von neuronalen Prozessen. Alles wird dann auf die allumfassende neurowissenschaftliche Theorie reduziert.

Diese Position des Monismus ist strikt materialistisch, eliminativ, reduktionistisch und extrem hypothetisch. Wo liegen die Probleme?

1. Der eliminative Materialismus behauptet, er wisse, dass es keine mentalen Zustände, also auch keine Meinungen gibt.
2. Wissen impliziert Wahrheit: wenn es das behauptete Wissen gibt, dann kann es keine Meinungen geben.
3. Wissen impliziert aber auch Meinung: wenn es das behauptete Wissen gibt, dann muss es Meinungen geben.
4. Die Behauptung, man wisse, dass es keine mentalen Zustände gibt, ist also selbst widersprüchlich (nach Pauen).

Schlussfolgerung
Wir haben folgende modernen Theorien zum Geist/Gehirn-Problem besprochen:

Monismus	Dualismus
• Semantischer Physikalismus	• Interaktionärer Dualismus
• Identitätstheorie	• Epiphänomenalismus
• Eliminativer Materialismus	• Eigenschaftsdualismus

Wertet man die jeweiligen Pro- und Contra-Argumente, lassen sich für den monistischen semantischen Physikalismus und eliminativen Materialismus sowie den dualistischen Epiphänomenalismus und Eigenschaftsdualismus weniger überzeugende Argumente ins Feld führen als für die Identitätstheorie und den interaktionären Dualismus von Eccles und Popper. Jedoch beides sind weiterhin Theorien, für die es bisher keine objektiven Belege gibt. Die Ergebnisse der später zu besprechenden Libet'schen Versuche, gegen die allerdings erhebliche methodische Einwände bestehen, könnten für den interaktionären Dualismus problematisch werden. Allerdings bilden deren Vorstellungen die einzige Theorie, die einen freien Willen und Gott nicht nur als menschliche Projektion, sondern als Realität möglich macht. Sie ist daher die Theorie aller Metaphysiker.

Willensfreiheit oder Determinismus

Bevor wir in den Diskurs über diese Frage eintreten, soll die grundsätzliche neurowissenschaftliche Position dargestellt werden:
„Die moderne wissenschaftliche Betrachtungsweise lässt einfach keinen Platz für die Freiheit des menschlichen Willens. Alles, was in unserem Universum geschieht, wird entweder lückenlos durch die Ereignisse der Vergangenheit bestimmt, oder es hängt teilweise vom Zufall ab" (Minsky).
Wenn diese Position stimmt, kann in der Tat von Willensfreiheit keine Rede mehr sein. Aber stimmt diese Position? Zunächst wiederum einige begriffliche Klärungen:

Freiheit, Willensfreiheit, Handlungsfreiheit (mod. nach Pauen)
- Freiheit bedeutet philosophisch gesehen ganz allgemein, dass eine Person zu selbstbestimmtem Handeln fähig ist. Eine selbstbestimmte Handlung ist unabhängig von von außen einwirkenden Faktoren (Autonomieprinzip) und ist auf einen Urheber zurückzuführen (Urheberprinzip).
- Willensfreiheit stellt den übergeordneten weiterreichenden Begriff dar, der Handlungsfreiheit erst ermöglicht. Willensfreiheit bedeutet, die eigenen Willensakte autonom zu bestimmen, „ohne dass sie durch vorhergängige Bedingungen nothwendig herbeigeführt werden" (Schopenhauer). Diese Definition beinhaltet auch das Prinzip der alternativen Möglichkeiten. Es legt fest, dass eine Person dann frei ist, wenn sie sich unter identischen Bedingungen hätte auch anders entscheiden können.
- Handlungsfreiheit geht aus der Fähigkeit einer Person hervor, entsprechend dem eigenen freien Willen zu handeln. Handlungsfreiheit ergibt sich somit als Konsequenz der Willensfreiheit. Handeln ist dann frei, wenn es hätte unterlassen werden können, falls es dem eigenen Willen widersprochen hätte.
- Wille und Handlung können somit nur gemeinsam (konkordant) frei oder unfrei sein. Diskordanz von Wille und Handlung ist nicht möglich, da eine bewusste Handlung grundsätzlich einen bewussten Willen voraussetzt.

Determinismus – Indeterminismus
Determinismus bedeutet im Kontext dieser Abhandlung Bestimmtheit oder Festlegung durch Naturgesetze. Nach der traditionellen Vorstellung der Physik ist die Welt vollständig determiniert. Danach hat alles, was geschieht, eine Ursache (Kausalitätsgesetz). Das Weltgeschehen seit dem Urknall besteht aus einer lückenlosen Ursache – Wirkungskette. Auch die biologische Entwicklung unterliegt dem gleichen Grundprinzip des Kausalitätsgesetzes. Danach muss Willensfreiheit ebenfalls verursacht sein, sonst würde sie das Kausalitätsgesetz verletzen.

Dieses traditionelle physikalische Weltbild wurde durch die Quantenphysik (Heisenberg, Bohr) infrage gestellt. Es zeigte sich nämlich, dass es Vorgänge gibt, die mit deterministischen Gesetzen möglicherweise nicht in Einklang zu bringen sind (s. die Heisenberg'sche Unschärfenrelation). Der Ort und Impuls eines Teilchens sind im gleichen Experiment eben nicht gleich messbar und voraussagbar. Hiermit kommen Wahrscheinlichkeiten ins Spiel. Die ursprünglich ehernen deterministischen Gesetze der traditionellen Physik mussten durch statistische Gesetze, die eine gewisse Unschärfe besitzen, ersetzt werden. Sofort stellte sich die Frage, ob es Indeterminiertheit im Universum gibt. Heisenberg hat diese Frage bejaht, Einstein und Planck haben sie verneint. Heisenbergs Annahme würde bedeuten, dass auch der Wille indeterminiert, nicht verursacht und damit frei sein könnte, wie Eccles und Popper propagieren. Somit ergeben sich zwei grundsätzlich verschiedene Positionen:

Die Inkompatibilisten halten Willensfreiheit mit dem alles durchdringenden Determinismus allen Weltgeschehens für nicht vereinbar.

Die Kompatibilisten dagegen sehen in den deterministischen Gesetzen nur eine Facette des Weltgeschehens, halten jedoch indeterministische Bereiche im universalen Ablauf und damit Freiheit von deterministischen Gesetzen für möglich. Diese fundamentale Frage ist bisher nicht geklärt.

Die zweite Umwälzung in der Physik stellt die Chaostheorie dar, in der erkannt werden musste, dass das Verhalten eines Systems entsprechend den deterministischen Naturgesetzen eben nicht immer voraussagbar ist. Ob in ihr Indeterminismus verborgen ist, ist zurzeit ebenfalls noch völlig offen.

Die neurobiologische Position
In einem vorhergehenden Kapitel haben wir die philosophiehistorische Entwicklung dargestellt. Es hatte sich gezeigt, dass seit dem ausgehenden Mittelalter mit zunehmender Säkularisierung der Weltsicht, dem Aufkommen von Rationalismus und Aufklärung und in deren Gefolge der faszinierenden Entwicklung der Naturwissenschaften die Frage der Freiheit des Willens sich mehr und mehr ins Zentrum des

Denkens von Philosophen, Theologen und Naturwissenschaftlern drängte.

Im Folgenden werden wir uns mit den heutigen neurobiologischen Positionen auseinandersetzen, da die Neurobiologie für sich in Anspruch nimmt, zur Schlüsselwissenschaft für das Geist-Gehirn-Problem und damit für die Lösung der Frage der Willensfreiheit geworden zu sein.

Die Grundposition der Neurobiologen kann folgendermaßen beschrieben werden: Nach dem alten Ansatz fällt durch den freien Willen zunächst die Entscheidung, die ihrerseits dann die entsprechenden cerebralen Zentren aktiviert, um schließlich die Handlung auszulösen. Die Kausalkette verläuft somit vom Willen über die danach erfolgende Aktivierung neuronaler Zentren zu der sich daraus ergebenden Handlung. Der freie Wille ist damit nicht durch irgendetwas verursacht.

Dieser alte Ansatz ist überholt und wird durch einen neuen Ansatz ersetzt. Die Entscheidung zu einer Handlung fällt sehr viel früher im unbewussten Bereich des Gehirns, erscheint erst danach im Bewusstsein der Person und erzeugt dann den Willen, der die Entscheidung des Gehirns ausführt. Der Wille ist somit nicht frei. Er beruht auf einer früher getroffenen unbewussten Entscheidung des Gehirns. Da alles, was im Universum geschieht, eine Ursache hat, wird auch der Wille verursacht, nämlich durch die frühe Entscheidung des Gehirns. Der Wille ist somit durch physiko-chemische Prozesse determiniert, die in den Neuronen ablaufen und auf die das Bewusstsein und damit das Ich keinen Einfluss hat. So etwa lässt sich holzschnittartig die Position der meisten Neurobiologen zum Verhältnis von Geist und Gehirn und zur freien Willensentscheidung darstellen.

Alter und neuer Ansatz beschreiben somit zwei völlig unterschiedliche Menschenbilder: das Menschenbild des alten Ansatzes, in dem das Ich alle seine geistigen, psychischen, emotionalen Phänomene als real aus einer immateriellen Welt (Welt 2 nach Popper) kommend empfindet, die nur dem Ich zugänglich ist (Erste-Person-Perspektive) – sowie das Menschenbild des neuen Ansatzes der Neurobiologie, in dem die Freiheit des Ich eine Illusion ist, die uns das autonome Gehirn vorgaukelt, das mechanistische Menschenbild einer evolutionär ent-

standenen „Überlebensmaschine", die in all ihren Handlungen allein dem Diktat physiko-chemischer Naturgesetze unterworfen ist.
Die Argumente, deren sich Singer bedient, scheinen die Logik dieses neuen Ansatzes zu stützen:

1. „Irgendwann im Laufe der menschlichen Entwicklung hat der Geist vom Materiellen Besitz genommen.[*] Dieses Phänomen musste, damit es überhaupt eintritt, über Energie verfügt haben. Besaß es Energie, musste es den Naturgesetzen gehorchen und konnte damit nicht immateriell sein".
2. Die erstaunlich gleichförmige Gehirnentwicklung der Arten mit den gleichen Zentren und der gleichen Feinstruktur macht deutlich, dass das menschliche Gehirn sich nicht qualitativ, sondern nur quantitativ durch die breitere und ausgedehntere Hirnrinde von den Tieren unterscheidet. Dieser quantitative Unterschied der verschiedenen Großhirnrinden ist allein für die andersartige Entwicklung des menschlichen Geistes gegenüber den Säugetieren verantwortlich. Geist ist daher ein Produkt der höheren Hirnrindenquantität.
3. Nur ein kleiner Anteil der Aktivitäten auch der Großhirnrinde verläuft bewusst ab. Der größte Anteil aller neuronalen Prozesse ist dem Bewusstsein nicht zugänglich. Da uns alle vorbewussten Prozesse verborgen bleiben, fühlen wir uns frei. Der Wille erscheint als nicht verursacht.

Nach der sogenannten Frankfurter Hypothese (Singer) beruht das Gefühl der Freiheit vor allem auf drei Faktoren:

1. der Trennung von unbewussten und bewussten Hirnprozessen, die die widerspruchsfreie Empfindung erzeugt, frei zu sein,
2. der Zuschreibung von Freiheit und Verantwortung durch Dialog und Auseinandersetzung mit anderen Menschen,

---

[*] Mit der Semantik dieses Satzes widerspricht Singer seiner eigenen materialistischen Auffassung vom Primat des Gehirns über den Geist, da in Besitz nehmen heißt, darüber zu verfügen.

3. frühkindliches Lernen, in dem Zuschreibungen durch Erziehung angeeignet und zur unerschütterlichen Erfahrung werden. Da Kinder sich an das Lernen nicht erinnern (frühkindliche Amnesie) erscheint das Wissen später als nicht verursacht.

Als Resumé dieser sogenannten Frankfurter Hypothese ergibt sich folgendes:

- Frei sein ist eine Illusion. Entscheidungen werden von dem Gehirn vor dem Bewusstwerden im Unbewussten getroffen und erst dann dem Bewusstsein zugeleitet, welches wiederum über den nun auftretenden Willen zur Handlung führt.
- Das Ich mit seinem vermeintlich freien Willen ist ein soziales Konstrukt, das in der Auseinandersetzung und im Dialog mit anderen Menschen und durch frühkindliches Lernen, an das das Kind keine Erinnerung mehr hat, im Laufe der Menschheitsgeschichte entwickelt wurde.

Ein weiteres Argument gegen die Freiheit des Willens ergibt sich nach Auffassung von Roth aus der nicht mehr möglichen Trennung kognitiver und psychischer Funktionen von neuronalen Befunden. So führen lokale Verletzungen des Gehirns zu bestimmten kognitiven und psychischen Störungen:

- Verletzung des Stirnhirns bewirkt massive Persönlichkeitsstörungen bis zum Verlust jeglicher ethisch-moralischer Verhaltenssteuerung.
- Bei Schädigung des Hippocampus treten Störungen im sogenannten deklarativen Gedächtnis (Speicherung von Bewusstsein, Erlebnissen, Autobiographie, Wissen) auf.
- Verletzung der Amygdala führt zu Gefühlsarmut und zur Unfähigkeit, die eigene Krankheit zu erkennen (z.B. eine Lähmung).

Alle diese regionalen Schädigungen zeigen die intensive Verknüpfung von neuronalen Bereichen mit spezifischen Eigenschaften des Bewusstseins. Allerdings ist mit der Störung solcher Verknüpfungen noch nichts über die Kausalitätsrichtung in Bezug auf psychische Zustände gesagt.

Das gewichtigste Argument gegen die Existenz eines freien Willens stellen die Experimente von Benjamin Libet dar. Deren Ergebnisse werden immer wieder von verschiedenen Neurobiologen (Singer, Roth, Cruse u.a.) als experimenteller Beweis für die These gewertet, dass Willens- und Handlungsfreiheit nicht existieren, da sie im zeitlichen Ablauf der neuronalen Aktivität für eine Willkürbewegung erst nach dem schon vorher ablaufenden Bereitschaftspotential erscheinen. Wir wollen auf diese Versuche näher eingehen.

Das Bereitschaftspotential

Dieses langsame, negative Potential, das eine neuronale Aktivierung bestimmter prämotorischer Areale anzeigt, wurde 1965 im EEG entdeckt. Es beginnt ca. 2 bis 1 Sekunde vor einer Willkürhandlung und besteht aus zwei Komponenten, einem ersten symmetrischen, über beiden Hirnhälften registrierbaren (2000 bis 600 msec) und einem asymmetrischen, nur über der zur Willkürbewegung kontralateralen Hirnhälfte registrierbaren (600 bis 90 msec) Anteil (Abb. 16).

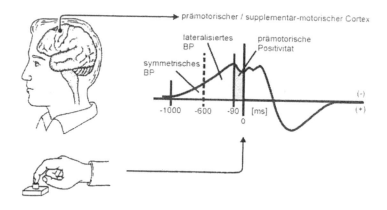

Abb. 16   Entstehung des Bereitschaftspotentials (BP): Neurone im prämotorischen und supplementär-motorischen Cortex beginnen 2-1 Sekunden vor einer willkürlichen Fingerbewegung aktiv zu werden. Zuerst entsteht das *symmetrische* Bereitschaftspotential, ca. 600 Millisekunden vor der Bewegung beginnt der Aufbau des *lateralisierten* Bereitschaftspotentials. Die motorischen Neurone, welche die eigentliche Bewegung steuern, feuern ca. 90 Millisekunden vor Bewegungsbeginn (= Zeitpunkt o). Dies ist in der prämotorischen Positivität sichtbar. Weitere Erläuterungen im Text. (Nach Kandel et al., 1991; mod. durch Roth).

Die Libet'schen Versuche

Die Libet'schen Experimente sollten eigentlich die Existenz der Willensfreiheit nachweisen. In ihnen wurde die zeitliche Beziehung zwischen Bereitschaftspotential und dem Willensakt untersucht. Von Libet, der Dualist ist, wurde erwartet, dass das Potential für den Willensakt vor dem Bereitschaftspotential, dem Korrelat für die neuronale Aktivierung – liegen musste. Das Gegenteil war jedoch der Fall. Das Bereitschaftspotential erschien vor dem Potential für das Bewusstwerden der Absicht zu einer Willkürbewegung. Versuchspersonen wurden trainiert, innerhalb eines bestimmten Zeitpunktes den Entschluss zu fassen, die rechte Hand zu bewegen. Der Beginn der Bewegung der Hand wurde im Elektromyogramm gemessen. Die Versuchspersonen mussten sich auf einer rotierenden Oszilloskopie-Uhr den exakten Zeitpunkt merken, an dem sie den Entschluss zu der Bewegung fassten. Gemessen wurde das symmetrische Bereitschaftspotential im EEG. Die Abfolge der Ereignisse gibt Abb. 17 wieder.

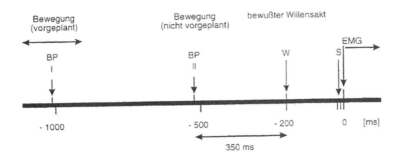

Abb. 17 Abfolge der Ereignisse (gemessen in Millisekunden, ms), die nach B. Libet einer selbstinitiierten Handlung vorausgehen. Die Muskelaktivität, registriert durch das Elektromyogramm (EMG), setzt bei 0 ein. Bei vorgeplanten Bewegungen tritt das Bereitschafspotential (BP I) um 1000 ms vorher ein, bei nicht vorgeplanten oder spontanen Bewegungen um 500 ms (BP II). Das subjektive Erleben des Willensaktes (W) tritt um 200 ms vor Bewegungsbeginn auf, also deutlich nach Beginn der beiden Typen von Bereitschaftspotentialen. Das subjektive Erleben eines Hautreizes (S) trat um 50 ms vor der tatsächlichen Reizung auf, d.h. die von Libet ebenfalls entdeckte „Vordatierung" von Sinnesreizen kann nicht für das Auftreten der Bereitschaftspotentiale vor dem „Willensakt" verantwortlich sein (Nach Libet, 1990; mod. durch Roth).

Es stellte sich heraus, dass dem bewussten Willensakt, der zur Bewegung der rechten Hand führte, stets ein Bereitschaftspotential vorausging, bei geplanter Bewegung etwa 1000 msec., bei ungeplanter Bewegung etwa 500 msec. vor dem Willensakt. Etwas modifizierte Untersuchungen von Haggart und Eimer bestätigten die Befunde Libets. Die Neurobiologie interpretierte diese Ergebnisse folgendermaßen: Da im Gegensatz zur Erwartung der Dualisten das Potential für den Willensakt stets nach dem Bereitschaftspotential, dem Korrelat der neuronalen Aktivierung erschien, musste der Willensakt verursacht und konnte damit nicht frei sein. Gegen diese Interpretation wurden von verschiedenen Kritikern Argumente ins Feld geführt, auf die wir im folgenden eingehen wollen. Selbst Roth, ein Verfechter der monistischen Theorie, formuliert vorsichtig „dass die Willensfreiheit... empirisch sicherlich nicht vollständig" widerlegt ist (Roth: Fühlen, Denken, Handeln, S. 524).

1. Einer der wesentlichen Einwände gegen die oben dargestellte Interpretation der Neurobiologie ist die ungeklärte Frage, ob es sich bei der willentlichen Entscheidung um ein kurzes Entscheidungsmoment oder um einen länger dauernden Entscheidungsprozess handelt, der den Aufbau des Bereitschaftspotentials schon viel früher verursacht haben könnte. Die Versuchspersonen wussten ja schon vorher, dass sie irgendwann im Ablauf des Experimentes eine Entscheidung treffen würden. Sie waren sozusagen konditioniert.

2. Ein vor allem von Libet vorgebrachtes Argument besagt, dass im Ablauf dieses Experimentes der bewusste Wille über die Möglichkeit eines Vetos gegen die Willkürhandlung bis wenige Millisekunden vor der Muskelbewegung verfügt. Die Experimente können dieses Veto nicht ausschließen.

3. Völlig unklar ist außerdem bisher, was denn eigentlich unter einer willentlichen Entscheidung zu verstehen ist. Handelt es sich um einen kurzen Akt oder um einen längeren Entscheidungsprozess? Solange das unklar ist, können die Spikes im EEG nicht mit der notwendigen Sicherheit zugeordnet und interpretiert werden.

Ist der Mensch nun frei in seinen Willensentscheidungen oder doch determiniert, das zu tun, was ihm seine Neurone vorschreiben? Sind wir Menschen reduzierbar auf eine rein neuronale „Reaktionsmaschine", die auf Außenreize reagiert – denn auch neuronale Aktivitäten müssen nach dem Kausalitätsgesetz verursacht werden? Oder ist da doch mehr?
Der bisherige Diskurs, der von den Neurobiologen natürlich nur naturwissenschaftlich unter Ausklammerung der Religion geführt werden kann, hat diese Grundfrage der menschlichen Existenz trotz der wissenschaftlichen Fortschritte empirisch nicht klären können. Aussagen der Neurowissenschaften liefern Indizien, jedoch keine unzweifelhaften Fakten, so dass Interpretationen auch hier wieder zu Glaubensinhalten werden. Das Geheimnis des menschlichen Geistes konnte nicht entschlüsselt werden. Ist es naturwissenschaftlich überhaupt zu entschlüsseln, oder übersehen die Naturwissenschaftlicher nicht einen Bereich der Welt, den Bereich der Metaphysik, der von den meisten auch aufgeklärten Menschen immer noch als Realität geglaubt wird, obwohl es keinen wissenschaftlichen Beweis für seine Existenz gibt? Die Grundfrage aller Wissenschaft bleibt: kann die menschliche Vernunft wirklich alles durchdringen oder gibt es Realitäten, vor denen die reine Vernunft kapitulieren muss?

Homo neurologicus?
Welches sind nun die Konsequenzen, die sich aus der Verdrängung des alten tradierten Menschenbildes unserer globalen jahrtausendealten Kultur durch das neurobiologische Menschenbild ergeben?
Das Ergebnis ist „der entleerte Mensch" (Geyer), der nach dem Sinn sucht, ihn aber nicht mehr finden kann, da er „in der teilnahmslosen Unermesslichkeit des Universums allein ist, aus dem er zufällig hervortrat" (Monod). Gefühle wie Hoffen, Lieben, Solidarität oder Mitleid verlören ihre kulturstiftende Bedeutung und würden zu beiläufigen, z.T. als kontraproduktiv angesehenen, rein neuronalen Phänomenen. Wohin das führt, haben Nationalsozialismus hitler'scher und Kommunismus stalin'scher Prägung gezeigt. Determinismus bedeutet in letzter Konsequenz Verlust der Verantwortlichkeit, da die zugrunde liegenden Naturgesetze keine Handlungsfreiheit mehr zulassen. Das

Rechtssystem, das von der Willens- und Handlungsfreiheit des Menschen ausgeht, müsste den moralischen Schuld-Sühne-Begriff aufgeben und in der Rechtsprechung zu gänzlich neuen Bewertungsmaßstäben kommen. Die Strafgesetze müssten umgeschrieben werden, und von den ursprünglichen drei Säulen der Rechtsprechung Schuld – Strafe, Resozialisation des Täters und Schutz der Bevölkerung blieben nur die beiden letzteren übrig.

Die Neurobiologie geht in ihrem naturwissenschaftlichen Anspruch davon aus, dass dem menschlichen Geist kein immaterielles Wesen zugrunde liegen kann. Die Möglichkeit metaphysischer Bereiche wird von ihr ausgeschlossen. Somit wird auch allen Religionen der Boden entzogen. Für Gott ist in diesem rein materialistischen System kein Platz mehr, und alle von den Religionen vermittelten Mahnungen zur ethischen Lebensführung verlören ihre metaphysische Begründung und Verantwortung vor einer übergeordneten Instanz, so dass der religiös besetzte Begriff der Sünde aufgegeben werden müsste. Gut und Böse, richtig oder falsch würden ebenso verschwinden wie Wollen und Sollen, da es ohne Wollen auch kein Sollen mehr geben kann.

Auch im sozialen, intermenschlichen Bereich hätte der Determinismus der menschlichen Natur absurde Konsequenzen (Kaiser): Es wäre das Ende jeglichen argumentativen Diskurses. Alle Freiheit der Wissenschaften fiele in sich zusammen, auch die Hirnforschung, da wir dafür determiniert sind, dass der Determinismus sich durchsetzt und da wir dafür determiniert sind, wie wir darauf reagieren. Auch die Hirnforscher wären determiniert. Sie wären gezwungen, so zu argumentieren, weil sie dazu determiniert sind und nicht weil sie ihre Hypothese für richtig halten. Die sich aus der Logik dieses Gedankenganges ergebenden Folgen sind in der Tat absurd. Ob es unter dieser Unfreiheit zur Vielfalt der menschlichen Kultur mit ihren ethisch-moralischen Grundsätzen, ihren wissenschaftlichen Erkenntnissen, ihren theologischen Glaubensinhalten und ihren künstlerischen und technischen Errungenschaften hätte kommen können, ist zu bezweifeln. Kaiser formuliert so: „Eine solche Welt wäre eine schnurrende deterministische Maschine und die Hirnforscher wären die eingebauten Scheinwerfer für eine ewige Nachtfahrt der Vernunft".

Schlussbetrachtung

Ein Fazit zum Problem der Geist-Gehirn-Beziehung auf dem heutigen Erkenntnisstand zu ziehen, fällt außerordentlich schwer, da unsere Kenntnisse trotz aller Fortschritte in den Neurowissenschaften weiterhin sehr begrenzt sind. Einige Punkte sollen jedoch angesprochen werden.

So konnte die Erklärungslücke, wie psychische Zustände und Ereignisse wie Bewusstsein, Wille und Motivation auf Aktivitäten von Neuronen zurückgeführt werden können, bisher nicht geschlossen werden. Allerdings dürfen wir uns nicht auf die apodiktische Feststellung zurückziehen, dass diese Lücke nie geschlossen werden kann, nur weil tief in uns ein Unbehagen schlummert, Bewusstsein überhaupt als naturwissenschaftlich erklärbares Phänomen zu akzeptieren. Die wissenschaftliche Redlichkeit erfordert daher, uns für die Möglichkeit einer naturwissenschaftlichen Erklärung der Beziehung von Gehirn und Bewusstsein auch in Zukunft offen zu halten.

Weiterhin ist die Frage unserer Willens- und Handlungsfreiheit völlig offen. Auch die ersten empirischen Ergebnisse der Libet'schen Experimente haben nicht entscheidend weitergeholfen, da die Einwände gegen die neurobiologische Interpretation ihrer Konsequenzen bisher nicht widerlegt werden konnten. So formuliert Roth denn auch: „Der Anspruch der heutigen Neurowissenschaften muss bescheidener ausfallen". Aber auch in dieser Frage müssen wir offen bleiben für mögliche zukünftige Erkenntnisse, die eventuell mit tief in uns verwurzelten Empfindungen kollidieren.

Ein Drittes! Die Philosophie des Geistes hat weiterhin ihre Berechtigung. Dennoch kann sie sich nicht mehr wie früher allein auf die Introspektion als Methode zur Erkenntnis beschränken. Sie muss die Ergebnisse der Neurowissenschaften in ihre Erkenntnissuche mit einbeziehen. Ihr früherer Absolutheitsanspruch für den alleinigen Umgang mit dem Geist-Gehirn-Problem ist nicht mehr gerechtfertigt.

Ein Letztes! Die Neurowissenschaften können wie alle anderen Naturwissenschaften mit ihren empirischen Daten keinerlei Aussagen zur

Frage der Existenz eines metaphysischen Bereichs unseres Universums treffen. Die Behauptung, „Gott ist tot" wird ebenso reiner Glaubensinhalt bleiben, wie das Credo „Gott lebt". Die geistige Ungesichertheit unseres Lebens bleibt trotz aller wissenschaftlicher Fortschritte bestehen, bis der letzte Vorhang zwischen uns und der Wahrheit fällt.-

LITERATUR

KOSMOS UND LEBEN

Weinberg, S. — Die ersten drei Minuten-
Der Ursprung des Universums.
Piper 1977.

Arp, H.C. — Der kontinuierliche Kosmos.
In: Mannheimer Forum 1992.

Kuiper, G. — Astrophysics.
Mc Graw Hill, New York 1951.

Schmidt, O. — Mem. Soc. Sci. Liège
15, 638, 1955.

Urey, H.C. — Astrophysic. J.
124, 623, 1956.

Loeb, W. — Chem. Ber.
46, 648, 1913.

Oparin, A.J. — Genesis and evolutionary development of life.
Academic Press, New York 1968.

Herrera, A.L. — Science 96, 14, 1942.

Dose, K., Rauchfuss, H. — Chemische Evolution und der Ursprung lebender Systeme.
Wiss. Verlagsgesellschaft, Stuttgart 1975.

Küppers, B. — Evolution im Reagenzglas.
In: Mannheimer Forum 1980.

Monod, J.	Zufall und Notwendigkeit. DTV 1975.
von Ditfurth, H.	Am Anfang war der Wasserstoff. Hoffmann und Campe 1979.
Eccles, J.C.	The Human Mystery. Springer International 1979.
Anderson, S., Peacocke, A.	Evolution and Creation. Aarhus University Press 1987.
Schmitz-Moormann, K.	Schöpfung und Evolution. Patmos 1992.
Schmitz-Moormann, K.	Pierre Teilhard de Chardin – Evolution – die Schöpfung Gottes. Mathias Grünewald Verlag, Mainz 1996.
White, A.D.	The History of the Warfare of Science with Theology in Christendom. Peter Smith 1978.
Rauchfuß, H.	Chemische Evolution und der Ursprung des Lebens. Springer-Verlag, Berlin-Heidelberg 2005.
Erben, H.K.	Weichenstellung: Wie das Leben entstand. In: Lust an der Natur. Piper-Verlag, München-Zürich 1986.

DIE ENTWICKLUNG DES ICH

Hume, D.	A Treatise of Human Nature. Nachdruck, Leipzig 1989.
Kant, I.	Kritik der reinen Vernunft. Memer, Hamburg 1983.
Kant, I.	Schriften zur Ethik und Religionsphilosophie. Wiss. Buchgesellschaft, Darmstadt 1963.
Churchland, P.S.	Neurophilosophy. MIT-Press, Cambridge, Mass. 1986.
Churchland, P.M.	Die Seelenmaschine. Spektr. Akademischer Verlag, Berlin, Oxford 1997.
Roth, G.	Fühlen, Denken, Handeln. Wie das Gehirn unser Verhalten steuert. Suhrkamp 2003.
Lurija, A.R.	Der Mann, dessen Welt in Scherben ging. Rowohlt, Reinbeck 1991.
Sacks, O.	Der Mann, der seine Frau mit einem Hut verwechselte. Rowohlt, Reinbeck 1987.
Lorenz, K.	Die Rückseite des Spiegels. Piper, München 1973.

Lorenz, K.	Das sogenannte Böse. Borotha u. Schöler, Wien 1963.
von Ditfurth, H.	Der Geist fiel nicht vom Himmel. Hoffmann u. Campe 1976.
Freud, S.	Das Unbewusste. Ges. Werke, Band 10, Fischer 1999.
Freud, S.	Das Ich und das Es. Ges. Werke, Band 13, Fischer 1999.
Thorndike, E.	Zit. in G. Roth: Fühlen, Denken, Handeln. Suhrkamp 2001, S. 27.
Watson, J.B.	Psychology as the behaviorist views it. P. Rev. 20, 191.
Skinner, B.F.	Wissenschaft und menschliches Verhalten. Kindler, München 1973.
Mc Farland, B.	Biologie des Verhaltens. Physiologie und Psychobiologie, VCH, Weinheim 1989.
Wilson, E.O.	Sociobiology: The New Synthesis. Harvard Press 1975.
Alcock, J.	Das Verhalten der Tiere aus evolutionsbiologischer Sicht. G. Fischer 1996.
Dawkins, R.	Das egoistische Gen. Springer 1978.

Esser, H.	Soziologie. Spezielle Grundlagen. Campus 1999.
Paul, A.	Von Affen und Menschen. Verhaltensbiologie der Primaten. Wiss. Buchgesellschaft, Darmstadt 1999.
Wrangham, R., Peterson, D.	Bruder Affe. Menschenaffen und die Ursprünge menschlicher Gewalt. Heinrich Hugendubel 2001.
Volavka, J.	Neurobiology of Violence. Am. Psychiatr. Press 1995.
Libet, B.	Haben wir einen freien Willen? In: Hirnforschung und Willlensfreiheit. Chr. Geyer, Suhrkamp 2004.
Heckhausen, H.	Zit. nach G. Roth in: Fühlen, Denken, Handeln. Suhrkamp 2003.
Bartels, A. et al.	The neural basis of romantic love. Neuro Report II 2000.
Seeley, B.A.	What is love, medically speaking? Sonoma County Physician 1999.
Basar-Eroglu, C.	Neurowiss. Aspekte der Liebe. In: Reuter u. Stadler: Lebenswelt und Erleben, Lengerich 2002.
National Geographic	188, 3, 1995.

National Geographic	181, 5, 1997.
National Geographic	192, 1, 1997.
National Geographic	192, 3, 1997.
Allman, W.F.	Mammutjäger in der Metro. Spektrum. Akad. Verlag Heidelberg, 1999.
Levi-Strauss, U.	Strukturelle Anthropologie. Suhrkamp 1967.
Mewes, C.	Antrieb – Charakter – Erziehung. Fromm 1977.
Mewes, C.	Voraussetzungen für Sozialisation und Leistungsfähigkeit. In: Mit der Spaßgesellschaft in den Bildungsnotstand. Leibniz 2004.
Illies, J.,	Kulturbiologie des Menschen. Piper 1981.
Gebser, J.	Ursprung und Gegenwart. DTV 1973.
Amelang, M. et al.	Differentielle Psychologie und Persönlichkeitsforschung. Kohlhammer 1997.
Liu, D. et al.	Maternal care, hippocampal synaptogenesis and cognitive development in rats. Nature Neuroscience 3, 2000.

Grossmann, K.E. et al.	Klinische Bindungsforschung aus Sicht der Entwicklungspsychologie. In: Klinische Bindungsforschung, Schattauer 2002.
Spitz, R.H.	Vom Säugling zum Kleinkind. Klett 1972.

FREIHEIT ODER DETERMINISMUS. DAS GEIST-GEHIRN-PROBLEM

De la Mettrie, J.D.	L'homme machine. Leiden 1748.
Dawkins, R.	Das egoistische Gen. Springer 1978.
Roth, G.	Fühlen, Denken, Handeln. Suhrkamp 2001.
Damasio, A.	Descartes` Irrtum. List 1995.
Anaxagoras	In: L. De Crescenzo: Geschichte der Griechischen Philosophie, S. 49. Diogenes 1985.
Demokritos	In: L. De Crescenzo: Geschichte der Griechischen Philosophie, S. 195. Diogenes 1985.
Leukippos	In: L. De Crescenzo: Geschichte der Griechischen Philosophie, S. 191. Diogenes 1985.

Platon	Phaidon. B. Zehnpfennig, Hamburg 1990.
Aristoteles	Eudemos sive de Anima. Paderborn 1960.
Eisler, R.	Wörterbuch der philosophischen Begriffe. Mittler u. Sohn 1930.
Kant, I.	Kritik der reinen Vernunft. Memer, Hamburg 1983.
Leibniz, G.W.	Metaphysische Abhandlung. Leipzig 1906.
Malebranche, N.	Christlich-metaphysische Betrachtungen. Münster 1842.
Spinoza, B.	Epistolae, Nr. 22. In: Sämtliche Werke, Bd. 6. Hamburg 1986.
Hume, D.	The Treatise of Human Nature. Hamburg 1978 – 1989.
Hoffmann, E.T.A.	Der Sandmann, Novelle. Aufbau Berlin 1968.
Pauen, M.	Grundprobleme der Philosophie des Geistes. Fischer 2005.
Popper, K.P., Eccles, J.C.	Das Ich und sein Gehirn. München 1989.

Eccles, J.	Wie das Selbst sein Gehirn steuert. Piper 1997.
Beck. F.	In: J. Eccles: Wie das Selbst sein Gehirn steuert. Pieper 1997, S. 213.
Huxley, T.H.	On the Hypothesis that Animals are Automata. In: Collected Essays, London 1904.
Carnap, R.	Die physikalische Sprache als Universalsprache der Wissenschaft. In: Erkenntnis 1931.
Sellars, W.	Empirism and the Philosophy of Mind. Cambridge 1997.
Churchland, P.S.	Neurophilosophy. Cambridge 1986.
Churchland, P.M.	Eliminative Materialism and the Propositional Attitudes. In: The Nature of Mind and the Structure of Science. Cambridge 1989.
Minsky, M.	The Society of Mind. New York 1988.
Schopenhauer, A.	Werke. Band 3, S. 366. Hrsg. von L. Lütkehaus, Zürich 1988.

Singer, W.	Verschaltungen legen uns fest. Wir sollten aufhören von Freiheit zu sprechen. In: Hirnforschung und Willensfreiheit. Hrsg. von Chr. Geyer, Suhrkamp 2004.
Libet, B.	Unconsious cerebral initiative and the role of conscious will in voluntary action. Behavioral Brain Sciences 8, 1985.
Geyer, C.	Hirnforschung und Willensfreiheit. Suhrkamp 2004, S. 87.
Monod, J.	Zufall und Notwendigkeit. DTV 1975.
Kaiser, G.	Warum noch debattieren? In: Hirnforschung und Willensfreiheit. Suhrkamp 2004, S. 266.

PERSONENREGISTER

A
Alcock, J. 86
Alembert, J.de 101
Allman, W. 62
Amelang, M. 71
Anaxagoras 98
Anaximander 98
Aristoteles 42, 45, 46, 47, 49, 54, 82, 98, 100
Arp, H. 16
Augustin 54

B
Basar-Eroglu, C. 92
Bartels, A. 91
Beck, F. 119, 120, 121
Bohr, N. 129
Büchner, L. 50
Buffon, G. de 47

C
Carnap, R. 124
Chardin, T. de 51, 52
Chomsky, N. 80
Churchland, P.M. 54, 125, 126
Churchland, P.S. 54, 94, 125, 126
Cruse, H. 94, 133
Cuvier, G. de 59

D
Damasio, A. 94, 95, 97
Darwin, C. 45, 47, 48, 49, 50
Darwin, E. 47

Dawkins, R. 85, 86, 96
Deamer, D. 31
3Demokrit 82, 98, 99
Descartes, R. 54, 95, 97, 99, 116
Dicke, R. 14
Diderot, D. 101
Ditfurth, H. von 56
Dose, K. 29, 30
Dubois, E. 58
Durkheim, H. 87

E
Eccles, J. 15, 108, 116, 117, 118, 119, 120, 121
Eibl-Eibelsfeld, J. 82
Eigen, M. 32, 33
Einstein, A. 38, 50, 131
Eisler, R. 99
Empedokles 45
Epikur 82
Erben, H. 26

F
Freud, S. 75 ff, 83, 88

G
Gamow, G. 14
Gebser, J. 67, 68
Geyer, C. 137
Grossmann, K. 72

H
Haeckel, E. 49

Heckhausen, H. 92
Heisenberg, W. 119, 129
Heraklit 35, 45
Herrera, A. 28
Hobbes, T. 100
Hoffmann, E.T.A. 101
Holbach, F. d' 101
Hubble, E. 14, 35
Hume, D. 54, 82, 100
Huxley, A. 81
Huxley, T. 49

I
Illies, J. 63, 66, 68

K
Kaiser, G. 138
Kant, I. 54, 55, 99, 100
Kimeu, K. 59
Kingsley, C. 50
Kuiper, G. 16
Küng, H. 42
Küppers, D. 36
Kutschera, U. 53

L
Leakey, M. 61
Leakey, R. 59
Leibniz, G. 54, 99, 100
Lemâitre, A. 14
Leroy, M. 51
Leukippos 98, 99
Levi-Strauss, U. 64
Libet, B. 9, 93, 97, 121, 133, 134, 135, 136
Linné, C.von 46, 47, 49

Liu, D. 72
Locke, J. 100
Loeb, W. 23,
Lorenz, K. 56, 82 ff, 88, 90
Lurija, A. 55

M
Malebranche, N. 100
Mania, D. 61
Marx, K. 49
Mc Ewen, B. 75
Mc Farland, B. 81
Mettrie, J. de la 96, 101
Mewes, C. 64, 72, 73
Miller, S. 23
Mivart, G. 51

Monod, J. 37, 39,137
Moore, A. 50
Moreau de Maupertuis, P. 47
Monet, J. de 48

O
Oparin, A .28, 29
Ostriker, J. 16

P
Pauen, M. 112, 113, 115, 120, 124, 126, 128
Paul, A. 90, 126
Pawlow, J. 79
Penzias, A. 14
Planck, M. 129
Platon 46, 47, 49, 82, 98
Popper, K. 116, 117, 121, 122, 127, 129, 130

Prössel, M. 16

R
Ratzinger, J. 52
Rauchfuß, H. 12, 29, 152
Roth, G. 54, 55, 68, 72, 75, 78, 81, 86, 88, 90, 93, 97, 99, 102, 106, 132, 133, 134, 135, 136, 139

S
Sacks, O. 55
Schmidt, O. 16
Schmitz-Moormann, K. 44, 45
Schockenhoff, E. 53
Schopenhauer, A. 128
Seeley, B. 91, 111
Sellars, W. 126
Singer, W. 131, 133
Skinner, B. 81
Spinoza, B. 100
Spitz, R. 72

T
Thales 97

Thieme, H. 62
Thorndike, E. 79
Tinbergen, N. 82
Treviranus 48

U
Urey, K. 16, 25

V
Vogt, K. 50
Volavka, J. 91
Voltaire, F. 54

W
Watson, J. 80
Weinberg, S. 10
Wilberforce, S. 49, 52
Wilson, E. 14
Wilson, R. 85
Wrangham, R. 90.

Z
Zahn, P. 51

SACHREGISTER

A
absoluter Nullpunkt 14, 35
Acetylcholin 109
Adrenalin 109
Aggression 57, 73, 82, 84, 87, 89, 90
Alanin 23, 24
Allocortex 105
Alltagspsychologie 116, 125, 126
Ammoniak 17, 20, 21, 23, 25
Asparagin 23, 37
Atomkern 11, 13
ATP 33
Australopithecus 57
autonome Morphogenese 39, 40
Axon 105, 106, 109, 110

B
Basalganglien 93, 94
Behaviorismus 79ff, 88, 92
Bereitschaftspotential 93, 134ff
Blaualgen 27
Blut-Hirnschranke 69, 111

C
Cambium 27
Carotinoide 27, 31, 33
Cerebellum 102, 104
Chaostheorie 129
Chiralität 37
Chlorophyll 27, 33
Chloroplasten 33

Coazervate 29, 30

D
Dendrit 105ff
Dendron 108, 120
Determinismus 100, 127ff, 137, 138
Diencephalon 102, 104
Dopamin 92, 109, 111
Dornsynapsen 105

E
Eigenschaftsdualismus 116, 123, 127
Elektronen 10, 11, 13, 29ff, 38, 39
eliminativer Materialismus 125, 127
Endorphine 92
Entropie 40, 41, 63
Enzyklika Humani generis 51
Eobacterium isolatum 27
Epiphänomenalismus 116, 121ff, 127
Erklärungslücke 95, 111, 116, 120, 121, 125, 139
Exozytose 119ff
Extraversion 71

F
Formaldehyd 23
Formalin 28

G
GABA 109
Genegoismus 85
Genom 69
Glutamat 109
Glutamin 24
gravitative Fragmentation 35, 41

H
Hintergrundstrahlung 10, 14
Hippocampus 72, 132
Hominiden 57, 61
Homo
- erectus 56, 58ff
- habilis 56, 58, 61, 62
- heidelbergensis 56, 58ff
- rudolfensis 56, 58
- sapiens 56, 58ff, 62ff
Hubble's Gesetz 14
Hyperzyklus 33

I
Identitätstheorie 122, 125, 127
Imipramin 111
Indeterminismus 128, 129
infantile Amnesie 76
invariante Reproduktion 39, 40
Isocortex 105

J
Jupiter 17, 20

K
Katecholamine 92
Kausalitätsgesetz 128, 137
Konditionierung 79, 80, 82
Kontextkonditionierung 91
kovalente Bindung 38, 39

L
limbisches System 93

M
Makromoleküle 22, 24ff, 31, 37, 41, 44
Mars 20
Medulla oblongata 102, 104
Merkur 17
Mesencephalon 102, 104
Methan 17, 20ff, 25
Mikromoleküle 22, 23ff, 37
Milchsäure 23, 31, 32
Mitochondrien 34
Monismus 115, 122ff
Morbus Parkinson 109
Murchison-Meteorit 24
Mutation 44, 51

N
Negentropie 40
Neodarwinismus 44, 47
Neptun 20
Neuromodulatoren 109, 111, 119
Neuron 75, 91, 94, 105, 107, 109, 110, 118, 119, 125, 130, 134, 137, 139
Neurotizismus 71
Neutrinos 10, 11, 13
Neutronen 10, 11, 13

non-kovalente Bindung 38, 39
Noradrenalin 92, 109
Nukleinsäure 22, 23, 25, 28, 31, 32, 38, 39

O
Ödipus-Konflikt 76
Oldovan-Periode 61
Olivin 26
Out-of-Africa-These 60
Oxytocin 92

P
Phenylethylamin 92, 111
Photodissoziation 24, 25
Photonen 10, 11, 13
Pluto 20
Polymerisation 25, 26
Pons 102, 104
Porphyrin 22, 23, 25
Positronen 10, 13, 114
Proconsul 57
Prokaryonten 33
Prolin 24
Proteinoide 29
Protoerde 17
Protonen 11ff
Protosonne 16
Protosterne 12
Psychoanalyse 75, 76
psychohydraulisches Modell 83
Psychon 120
Purin 23
Pyrimidin 23

Q
Quarks 11

R
RNS 31
Rotverschiebung 14ff

S
Sahelanthropus tschadensis 57
Saturn 20
Selektion 44, 45, 47, 53, 85, 86
Serotonin 91, 109, 111
Soziobiologie 85, 86, 90
Soziologismus 87, 88, 90
Sulphoben 28, 30
Supernova 12
Synapse 75, 105, 106, 109ff, 119

T
Telencephalon 102, 103
Teleonomie 37, 40
Testosteron 91
Thiocyanat 28
Todestrieb 77
Transmitter 75, 90, 91, 109, 111, 119ff

U
Unschärfenrelation 129
Uranus 20
Urey-Effekt 25
Urhorde 64, 67, 68

Urknall 10, 13, 14, 16, 45, 128
Urozeane 21, 25, 26
UV-Licht 22, 24, 25

V
Valin 24
Vaticanum I 50
Venus 17

Vulkanismus 21, 25

W
Wasserstoff 11, 13, 17, 20ff

Z
Zensor 76ff, 93

DANKSAGUNG

Folgende Abbildungen und Tabellen wurden mit freundlicher Genehmigung von Autoren, Forschungseinrichtungen und Verlagen übernommen:

Abb. 1:   Springer-Verlag Berlin/Heidelberg

Abb. 2:   Deutsche Forschungsgemeinschaft

Tab. 2:   Fa. Roche Diagnostics Mannheim

Abb. 3,4,5:   Prof. Dr. Horst Rauchfuß, Varberg, Schweden

Abb. 8,10,16, 17: Suhrkamp-Verlag Frankfurt

Für die freundliche Genehmigung danke ich ganz herzlich.

Bochum 2008   Jürgen Barmeyer

Ethik in der Praxis/Practical Ethics
Studien/Studies
hrsg. von Prof. Dr. Hans-Martin Sass (Universität Bochum/Georgetown University Washington)
Schriftleitung: Dr. Arnd T. May

Jürgen Barmeyer
Praktische Medizinethik
Die moderne Medizin im Spannungsfeld zwischen naturwissenschaftlichem Denken und humanitärem Auftrag. Ein Leitfaden für Studenten und Ärzte
Das vorliegende Buch hat zum Ziel, Ärzte und Medizinstudenten für die ethische Seite ihres Buches zu sensibilisieren. Die heutige, überwiegend naturwissenschaftlich orientierte Ausbildung zum Arzt gibt einem besonders wichtigen Bereich, nämlich der Vermittlung von Regeln für ärztlich-ethisches Verhalten gegenüber dem Kranken wenig Raum. Diese Lücke ein wenig zu schließen, ist die Absicht der Monographie. Das Konzept der Aussagen verfolgt einen ausschließlich praktisch-medizinethischen Ansatz, der frei von jeglicher Gesinnungsethik nach Regeln sucht, die suprakulturell als zur generellen Humanität am kranken .Menschen verpflichtende Regeln von allen Ärzten getragen werden können. Besonders deutlich kommt das in den Kapiteln über die Grenzen in der Medizin zum Ausdruck- und hier besonders in Kapiteln über Sterben und Sterbehilfe.
Bd. 5, 2., stark überarb. Aufl. 2003, 184 S., 20,90 €, br., ISBN 3-8258-4984-8

LIT Verlag Berlin – Hamburg – London – Münster – Wien – Zürich
Fresnostr. 2 48159 Münster
Tel.: 0251 / 620 32 22 – Fax: 0251 / 922 60 99
e-Mail: vertrieb@lit-verlag.de – http://www.lit-verlag.de

Joachim Kahl
Weltlicher Humanismus
Eine Philosophie für unsere Zeit
Ein Buch für ein breites, theoretisch und spirituell interessiertes Publikum, das auf eine ethisch fundierte Lebensführung Wert legt. Menschliches Leben heißt: – sich erträglich einrichten für ein kurzes Gastspiel auf einem Staubkorn im Weltall, – tätig sein mit Sinn und Verstand, mit Anstand und Würde, mit Witz und Humor, – schließlich Abschied nehmen von allem für immer. Ein philosophischer Beitrag zu einem tieferen Verständnis der Wirklichkeit und zu einem ertragreicheren Leben - vorgetragen in einer gepflegten und gut lesbaren Sprache.
Bd. 1, 3., korr. Aufl. 2007, 272 S., 16,90 €, br., ISBN 978-3-8258-8511-3

LIT Verlag Berlin – Hamburg – London – Münster – Wien – Zürich
Fresnostr. 2 48159 Münster
Tel.: 0251 / 620 32 22 – Fax: 0251 / 922 60 99
e-Mail: vertrieb@lit-verlag.de – http://www.lit-verlag.de